AVENTURAS NA HISTÓRIA

Nazismo

AS GRANDES REPORTAGENS

DIRETOR-SUPERINTENDENTE Edgardo Martolio
DIRETOR EDITORIAL Pablo de la Fuente
EDITORA Bia Mendes
CAPA E PROJETO GRÁFICO Luciana Porto Alegre Steckel
REVISÃO Bianca Albert
FOTOS DA CAPA Latinstock/Berliner Verlag/Corbis
e The Bridgeman/Keystone Brasil

Dados Internacionais de Catalogação na Publicação (CIP)
(Câmara Brasileira do Livro, SP, Brasil)

Nazismo: As grandes reportagens. – São Paulo: Editora CARAS, 2015. –
(Aventuras na História)
Vários autores

1. Alemanha - História - 1933-1945 2. Chefes de Estado - Alemanha - Biografia 3. Hitler, Adolf, 1889-1945 - Liderança militar 4. Guerra Mundial, 1939-1945 - História 5. Nazismo 6. Nazismo - Alemanha - História 7. Reportagens I. Série.

15-08614 CDD-943.086

2015

EDITORA CARAS
Av. Presidente Juscelino Kubitschek, 1400
04543-000 – São Paulo/SP - Brasil

Nazismo, palavra derivada do alemão *Nationalsozialistische*. Ou nacional socialismo, o partido idealizado e liderado por Adolf Hitler. Ainda setenta anos após o fim do regime, a simples menção ao nazismo desperta nas pessoas os mais fortes e contraditórios sentimentos. Raiva. Comiseração. Interesse. Solidariedade. Tristeza. Indignação. Dor. Impotência. Mas, mais do que isso, evoca também questionamentos: de que forma um relativamente pequeno grupo de pessoas assume o comando de um povo e comete tantas atrocidades com outros grupos da sociedade e ninguém faz nada? Ninguém interrompe o caminho negro que se desenha?

Como os nazistas chegaram ao poder? Como a sociedade local não percebeu a praga que estava nascendo, sendo disseminada e crescendo até se tornar o ícone do mal maior, a grande ferida aberta do mundo moderno?

O nazismo, movimento de extrema direita que germinou na Alemanha pós-Primeira Guerra, ganhou força nos anos 1920 e foi adotado pelo governo alemão de 1933 a 1945, período também chamado de Terceiro Reich. Seu líder máximo, Adolf Hitler, foi o responsável pelo maior e mais terrível massacre de um povo, o genocídio judeu, durante a Segunda Guerra Mundial. Para os nazistas, a raça alemã era a mais pura, e superior intelectualmente e fisicamente a todas as outras. E eles desejavam construir uma nação composta somente dessa raça. Para isso, deveriam eliminar todo o povo judeu da Alemanha, assim como outras etnias não consideradas dignas de estar em seu território. Cerca de 6 milhões de judeus foram mortos em campos de concentração e de trabalhos forçados.

Apresentamos neste livro uma seleção das melhores reportagens publicadas sobre o nazismo nas páginas da revista *Aventuras na História*. São dezoito textos de dezesseis jornalistas empenhados em levantar questões e trazer respostas para que o leitor compreenda toda a evolução do nazismo, a sua origem, ascensão e o que sucedeu depois.

Não temos a pretensão de responder a todas as perguntas nem de esgotar o assunto, mas trazer ao leitor mais elementos para que se possa entender e refletir sobre o tema e alertar para que movimentos dessa natureza perversa nunca mais tenham espaço na História da humanidade.

Boa leitura

Bia Mendes

- BIA MENDES -
EDITORA

QUAL A ORIGEM DA SUÁSTICA?

Símbolo místico de várias culturas ao redor do planeta, a suástica – ou cruz gamada, como também é conhecida – apareceu pela primeira vez na História no Período Neolítico na Eurásia, há pelo menos 4 mil anos.

- MARIO ARAÚJO -

EDIÇÃO 39 · NOVEMBRO 2003

Através dos séculos, historiadores encontraram a figura da suástica em cerâmicas e moedas de culturas remotas, de tribos pré-colombianas até a Índia. Ela representava desde amuletos de sorte a simples ideogramas decorativos. Como apareceu em diversas culturas que não tiveram contato umas com as outras, seus sentidos são os mais variados. Na maioria das vezes, está relacionada a forças da natureza ou deuses mitológicos.

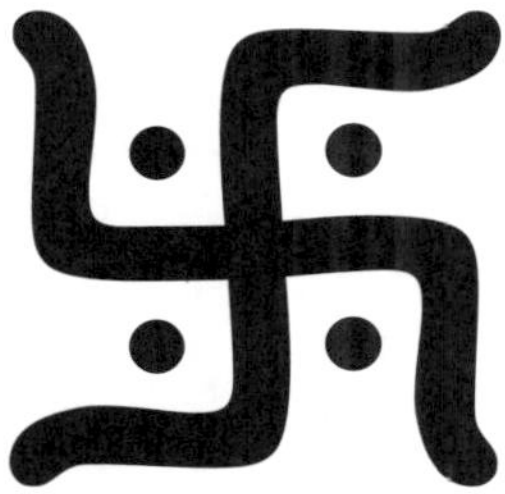

Seu nome tem uma conotação positiva, vem do sânscrito: *su* significa "bem" e *asti*, "estar". Na Índia, ela representa um símbolo popular religioso, que significa "auspicioso", associado a Buda. No hinduísmo, é associada a Ganesh, deus da sabedoria.

Há dois tipos principais de suástica, uma com os braços apontados em sentido horário, outra em sentido anti-horário. A primeira, masculina, é considerada símbolo do dia, da boa sorte; e a segunda, feminina, símbolo da noite e da magia negra.

Antes de ser adotada como marca do Partido Nazista, a suástica era considerada símbolo da sorte, da prosperidade e do sucesso. Em 1920, a figura passou a integrar a bandeira nazista. "Como nacional-socialistas, vemos em nossa bandeira nosso programa. No vermelho, a ideia social do movimento; no branco, a ideia nacionalista; e na suástica, a missão de lutar pela vitória do homem ariano, e ao mesmo tempo pelo triunfo da ideia do trabalho produtivo, ideia que é e será sempre antissemita", escreveu Adolf Hitler no livro *Minha Luta*.

Adolf Hitler é saudado nas ruas de Danzig (Gdansk), em setembro de 1939

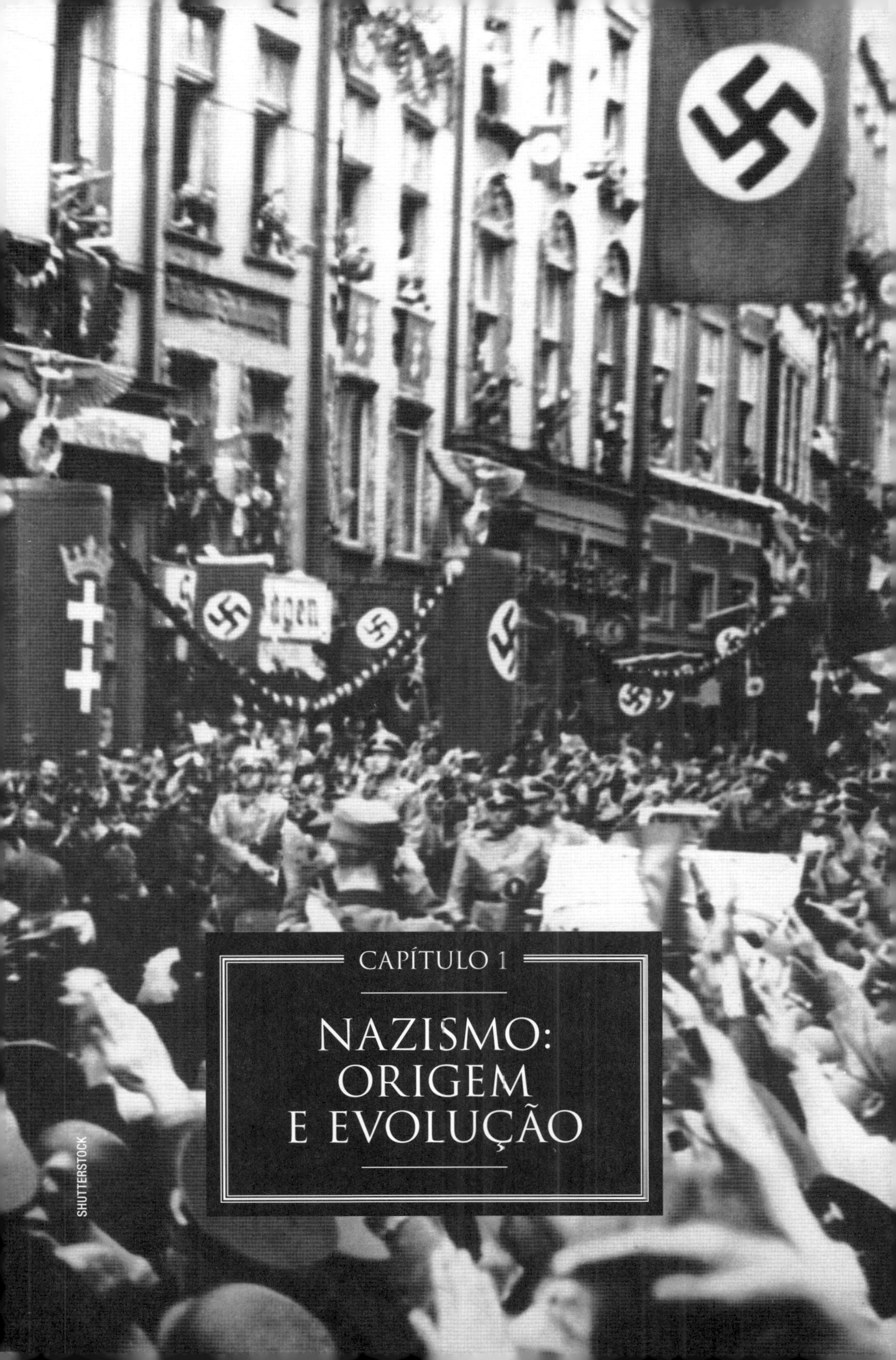

SHUTTERSTOCK

CAPÍTULO 1

NAZISMO: ORIGEM E EVOLUÇÃO

O NAZISMO CHEGA AO PODER

O que aconteceu na Alemanha ao longo de 1933

- MARIA CAROLINA CRISTIANINI -

EDIÇÃO 119 · JUNHO 2013

Seis anos antes do início da Segunda Guerra, Adolf Hitler estava prestes a assumir o total controle da Alemanha. Apesar de ele ter surgido no cenário político bem antes (em 1920, já filiado ao Partido Alemão dos Trabalhadores, que reorganizou sob o nome de Nacional-Socialista – de onde veio o termo "nazista"), 1933 foi decisivo para Hitler chegar à liderança do país: foi nomeado chanceler em janeiro, momento seguido da criação de várias leis que deram ao futuro ditador cada vez mais autonomia e poderes. "O ano de 1933 foi chave para a organização das instituições nazistas", diz Karl Schurster, doutor em história comparada pela UFRJ. A partir daí, o terror não pararia até 1945, com o final da guerra. A essa altura, cerca de 50 milhões de pessoas estariam mortas, entre elas 11 milhões em campos de concentração – 6 milhões de judeus.

Consultoria: João Fábio Bertonha (doutor em história pela Unicamp) e Wagner Pinheiro Pereira (professor do Instituto de História da UFRJ).

30 DE JANEIRO: ASCENSÃO

Adolf Hitler, líder do Partido Nazista, assume o cargo de chanceler (primeiro-ministro), indicado pelo presidente da Alemanha, Paul von Hindenburg, pressionado por grupos econômicos por causa da situação difícil que o país enfrentava desde o fim da Primeira Guerra.

27 DE FEVEREIRO: INCÊNDIO PROVIDENCIAL

O prédio do Reichstag (Parlamento alemão), em Berlim, é destruído pelo fogo. Hitler põe a culpa nos comunistas – até hoje não há certeza sobre a autoria do incêndio, mas é provável que tenham sido os próprios nazistas. No dia seguinte, Hindenburg assina um decreto que dá a Hitler o poder de derrubar governos estaduais e locais. Os direitos civis são suspensos e ocorrem prisões de comunistas.

21 E 22 DE MARÇO: INÍCIO DO TERROR

Começam a funcionar os dois primeiros campos de trabalho forçado: no dia 21, a 35 km de Berlim, é aberto Oranienburg (depois chamado de Oranienburg-Sachsenhausen). No dia seguinte, na cidade de Dachau (perto de Munique), é inaugurado o campo de mesmo nome. Com o tempo e a radicalização do regime, os dois se tornariam campos de extermínio em massa.

23 DE MARÇO: DITADURA

O Parlamento aprova a Lei de Habilitação (também conhecida como Lei de Ratificação ou Lei dos Plenos Poderes – em alemão, Ermächtigungsgesetz), que dá a Hitler o direito de fazer suas próprias leis, sem precisar da aprovação do Parlamento. Na prática, o ato estabelece uma ditadura na Alemanha e o começo do Terceiro Reich (que só acabaria em 1945).

26 DE ABRIL: POLÍCIA EM AÇÃO

Hermann Göring, ministro do Interior da Prússia, cria a Gestapo (abreviação de Geheime Staatspolizei, ou Polícia Secreta do Estado) para controlar, perseguir e eliminar os adversários políticos do regime nazista. Nos anos seguintes, com a ajuda de cidadãos comuns, a Gestapo vigiou e executou milhares de pessoas.

14 DE JULHO: SÓ OS NAZISTAS

Todos os partidos políticos da Alemanha são banidos, exceto o Partido Nazista. No mesmo dia, é aprovada a lei que força a esterilização de pessoas com problemas físicos e mentais. A ideia era "melhorar" a raça ariana, impedindo a reprodução de quem era considerado doente. Cerca de 400 mil pessoas passariam pelo procedimento durante os 18 meses seguintes.

24 DE NOVEMBRO: LIMPEZA GERAL

É autorizada a lei que permite aos tribunais da Alemanha ordenar a prisão, por tempo indeterminado, de criminosos considerados perigosos. Cerca de nove meses depois, Hindenburg morreria e Hitler se tornaria oficialmente o führer, o líder máximo da Alemanha.

OS AMORES DE HITLER

Antes de tomar meio mundo à força, Hitler conquistou o apoio e a confiança de militares, industriais e do povo alemão. Em maior ou menor medida, foi aceito e respeitado e, no cenário internacional, amealhou admiradores inclusive entre os mais ciosos defensores das liberdades democráticas. Quem apoiou Hitler? Quem o aceitou? Quem o tolerou? Quem o amou? E – a pergunta mais inquietante – por quê?

- CELSO MIRANDA -

EDIÇÃO 21 · MAIO 2005

Amar é gostar muito. É o sentimento intangível de desejar o bem de outra pessoa e de dedicar-lhe afeto. Pode chegar a um estado extremo de devoção ou ser apenas uma inclinação profunda a um valor, ou a alguma coisa que proporcione prazer, entusiasmo ou satisfação. Posto isso, vamos adiante. Algumas pessoas, entre 1923 e 1945, amaram Adolf Hitler, o homem que liderou a Alemanha numa guerra contra o mundo, que desejou eliminar os judeus da face da Terra, que julgava que os mais fracos não eram dignos de respirar o mesmo ar que ele, que não hesitou em exterminar concorrentes e até antigos amigos que considerava não serem mais úteis. Hoje, Hitler não parece digno de amor. Mas ele o teve. Nesta reportagem não trataremos de discutir se ele mereceu esse sentimento, se as pessoas que o amavam sabiam das dimensões destrutivas de seu caráter, ou se podiam prever o mal que suas políticas desencadeariam. Trataremos, antes disso, de discutir que, para fazer o que fez, para chegar ao poder e para exercê-lo, Hitler precisou ser amado, respeitado e admirado. E essa talvez seja a face mais perturbadora de sua biografia.

Tanto é assim que hoje, 60 anos após o suicídio de Hitler, esse tem sido o enfoque cada vez mais utilizado por pesquisadores, em trabalhos sobre o nazismo. É o caso de *A Queda* (*Der Untergang*), biografia escrita pelo historiador alemão Joachim Fest, em 2002, que agora chega em versão cinematográfica ao Brasil. Não é preciso quebrar muito a cabeça para entender por que o filme que retrata os últimos dias de Hitler causou tanta polêmica no seu país de origem. O homem que surge na tela não chega nem perto do monstro assassino que povoa a imaginação das pessoas. É um sujeito doente, frágil e envelhecido, que adora chocolates. Os delírios de grandeza e acessos de fúria aparecem de vez em quando, mas ele também é capaz de gestos de delicadeza e ternura com sua secretária, Traudl Junge (cujas memórias também serviram aos roteiristas do filme), com a namorada Eva Braun, a quem toma como esposa pouco antes de morrer, e com sua cadela, Blondi.

"Demasiado humano", reclamou o popular jornal alemão *Bild*. O *Die Zeit*, um semanário mais classudo, tranquilizou: "O filme não pode ser acusado de promover qualquer fascinação mórbida ou colocar o nazismo em molduras de um épico". Num artigo no *Der Tagesspiegel*, o historiador alemão Wilfried Nippel, da Universidade Humboldt, em Berlim, escreveu que "a Alemanha que seguia e venerava Hitler, as milhares de pessoas que aplaudiam seus discursos antissemitas em praça pública, desapareceram do texto de Fest". O americano *The New York Times* também criticou: "Ele almoça. Senta-se. Treme. Mas e daí? Todos somos humanos, mas a maioria de nós não ajuda a catalisar o assassinato de 50 milhões de pessoas".

Brigas à parte, o fato é que *A Queda* toca num ponto que permanece polêmico entre os historiadores: sob muitos aspectos,

Hitler foi um homem comum, banal até, que de uma infância pobre e obscura conquistou a admiração da imensa maioria do povo alemão e chegou ao poder. Mas para que a história de como isso foi possível seja contada é preciso voltar no tempo para além dos anos que nos separam de sua morte num esconderijo em Berlim.

Nenhuma grande glória ou tragédia parecia estar à espera do pequeno Adolf, nascido em 1889, na cidadezinha austríaca de Braunau, perto da fronteira com a Alemanha. Desde cedo, o menino era mimado pela mãe, Klara, e surrado pelo pai, Alois, funcionário da alfândega. Os colegas de escola lembravam-se de um moleque teimoso, preguiçoso e não muito brilhante.

Ao chegar à adolescência, Adolf dizia saber exatamente o que queria da vida: tornar-se pintor. Tentou matricular-se duas vezes na Academia de Artes de Viena e não foi aceito. A essa altura órfão de pai e mãe, vivia em pequenos albergues da capital da Áustria. Segundo o historiador britânico Ian Kershaw, da Universidade de Sheffield, foi para escapar do serviço militar que Hitler se mudou para Munique, no sul da Alemanha, em 1913. A ironia é que apenas um ano depois, alemães e austríacos entraram lado a lado na Primeira Guerra Mundial, e ele se alistou no Exército alemão. "Tudo indica que Hitler tinha se tornado um adepto do pangermanismo, comum na época dos dois lados da fronteira", diz Kershaw. A ideia era que os povos de língua e cultura alemã deveriam se unir e, com a guerra, assumir o papel de principal potência europeia.

"A guerra mudou o destino de Hitler", afirma o historiador americano John Lukacs, autor de *O Hitler da História*. Ele serviu na França e na Bélgica como mensageiro, posição perigosa que exigia que ele enfrentasse fogo inimigo mesmo quando seus companheiros permaneciam protegidos numa trincheira. Sua folha de serviço foi exemplar, mas nunca foi promovido além de cabo.

Citado duas vezes por coragem em ação, recebeu a Cruz de Ferro de primeira classe, uma distinção raramente concedida a não oficiais. Segundo Lukacs, nas horas vagas, ele pintava e escrevia poesia. "Era um solitário, um sonhador, um idealista. A rendição da

Alemanha, em 1918, foi um duro golpe nesses sonhos." Em sua autobiografia, Hitler reconheceu a importância que a derrota na guerra teve para seu futuro. "Foi então que eu decidi entrar na política", escreveu em *Mein Kampf* (*Minha Luta*), publicado em 1925. A decisão, no entanto, foi bem mais casual do que o relato faz pensar. "Foi a política que encontrou Hitler, e não o contrário", afirma Kershaw.

Sem profissão, nem perspectivas, ele aceitou uma missão dada pelos seus superiores no Exército: doutrinar os colegas, e, entre os militares, Hitler difundiu a ideia de que o fracasso da Alemanha na guerra deveu-se a judeus e comunistas que haviam traído os interesses patrióticos. Não temos a medida de quanto daquilo era sua própria interpretação da ideologia pangermânica e quanto era influência de outros companheiros de trincheiras. O certo é que, em 1919, nas primeiras reuniões do grupo que se transformaria no Partido Nazista, era comum ele tomar a palavra e encantar seus ouvintes: "Eu sabia falar", escreveu em *Mein Kampf*. E o que ele dizia era que duas sombras pairavam sobre a Alemanha. Os judeus, que tinham tanto lucrado com a guerra quanto manipulado a rendição do país em benefício próprio, e os bolcheviques, que se organizavam no caos econômico e pregavam a submissão do país a uma ideologia alienígena. Só quando fossem dominados esses inimigos internos a Alemanha estaria pronta para se erguer.

Nos conturbados anos 1920, as palavras de Hitler soavam como uma sonata para violinos de Brahms. "Derrotada e humilhada pelo Tratado de Versalhes, a Alemanha ansiava por retomar seu orgulho. Hitler prometia uma Alemanha grande e forte outra vez", escreve Ian Kershaw em *Hitler - Um Perfil do Poder*. Mas os nazistas ainda não estavam com essa bola toda em 1923, e depois de uma pífia tentativa de tomar o poder à força, Hitler acabou em cana. Considerado pouco mais que um baderneiro, ele ficou alguns meses na prisão, onde aproveitou o tempo para dar os últimos retoques no já citado *Mein Kampf*.

Em 1924, ele e sua turma estavam de volta. Em maio, na primeira vez que disputou uma eleição, o Partido Nazista obteve apenas 32 cadeiras para o Reichstag, o Parlamento alemão, que era dominado por 102 membros do Partido Social-Democrata e 95 do Partido Nacionalista. Até os comunistas tinham mais espaço: 37. No entanto, conforme crescia a crise econômica a situação se inverteu. "Parte da elite alemã, que sempre apoiou os sociais-democratas, viu em Hitler uma opção para deter as greves, passeatas e agitações populares", diz Lukacs. Nesse momento, além do apoio de industriais e empresários, Hitler passou a contar com o apoio do Partido do Centro, que reunia os católicos alemães e que oscilava entre a social-democracia e o nacionalismo. "Quando o comunismo, inimigo maior da Igreja Católica e dos sistemas econômico e social apoiados por ela chegou ao poder na Rússia, cresceu a hostilidade da Igreja contra a esquerda e os movimentos sindicais na Alemanha. Por isso não foi surpresa que o Partido do Centro se integrasse à luta contra o bolchevismo pregada em Roma pelo papa e em Berlim por Hitler", afirmou o historiador Percy Schramm, autor de alguns dos primeiros textos alemães sobre o nazismo no pós-guerra.

Os comícios do Partido Nazista passaram a ser grandes eventos de massa. "A primeira vez que vi Hitler foi numa foto de um cartaz que dizia: 'Pão e paz para a Alemanha'", disse Gertrude Heiss, que trabalhava numa pequena livraria em Munique, citada pelo historiador Eric Hobsbawm em *A Era dos Extremos*. Mas não foi só com palavras e propaganda que Hitler conquistou o coração do povo alemão. "Sei que a afirmação pode soar chocante, mas ele pode ter sido o líder revolucionário mais popular na história do mundo moderno", diz Lukacs. "É claro que esse processo foi gradual e recebeu uma baita ajuda da repressão que Hitler e suas organizações paramilitares instauraram desde sua subida ao poder." Criadas por Hitler a partir das estruturas militares dissolvidas pelo Tratado de Versalhes, milícias como a SA e a SS tinham a missão de intimidar toda e qualquer concorrência, dissolvendo na pancada comícios e manifestações comunistas, empastelando jornais e depredando casas e estabelecimentos comerciais de judeus.

Mas o buraco em que a Alemanha se encontrava era ainda mais embaixo. Depois da crise global detonada com a quebra da Bolsa de Nova York, em 1929, hiperinflação, desemprego e falências radicalizaram a crise, e os alemães resolveram dar uma chance aos nazistas.

Em 1932, menos de dez anos depois de sua primeira eleição, eles conseguiram 37,3% das cadeiras no Parlamento, tornando-se o maior partido da Alemanha. Em seguida, em 1933, Hitler foi escolhido chanceler pelo presidente Hindenburg. Instalados no centro do poder, os nazistas reformaram todo o sistema político do país para dar a Hitler poderes ditatoriais. Em julho de 1933, o Partido Nazista já era oficialmente o único legalizado na Alemanha e, em agosto de 1934, com a morte de Hindenburg, Hitler acumulou o cargo de presidente.

No cenário internacional, o novo ditador singrava mares arriscados, mas não exatamente bravios. Os conservadores estavam no poder na Grã-Bretanha, por exemplo, onde o risco do trabalhismo de inspiração socialista tornava um pouco mais palatável o prato que ele oferecia. Além disso, a Grande Depressão americana levou ao que Hobsbawm chamou de "abalo da democracia representativa". Na década de 1930, num efeito cascata, as democracias liberais cederam espaço a governos de inspiração fascista com rapidez assustadora. Na Itália, Espanha e Portugal, na América Latina, na África e no Oriente Médio, Hitler ganhou, quando não admiradores declarados, como foi o caso de Getúlio Vargas, pelo menos interlocutores poderosos.

Nem todos foram na conversa de Hitler, é claro. No mundo inteiro, movimentos antifascistas pressionaram seus governos a se oporem ao avanço das políticas nazistas. Uma das primeiras pesquisas de opinião realizadas no mundo (a técnica nasceu nos Estados Unidos justamente na década de 1930) perguntou ao povo norte-americano, em janeiro de 1939, quem ele queria que ganhasse se começasse uma guerra entre União Soviética e Alemanha: 83% foi a favor de uma vitória comunista, contra 17% de uma alemã.

Mas Hitler não era louco e sabia manter um verniz diplomático, embora suas ações não fossem nada amistosas. Em 1935, ele "revogou" o Tratado de Versalhes, reinstituindo o serviço militar obrigatório na Alemanha e reorganizando a Marinha e a Força Aérea. Mesmo quando seu discurso se tornou evidentemente belicoso, passando a reivindicar a reintegração de territórios tomados da Alemanha na Primeira Guerra, as potências europeias permaneceram imobilizadas pelo receio de um novo conflito. "Não havia, na década de 1930, um político capaz de defender na França ou na Inglaterra a necessidade de uma nova guerra contra a Alemanha", escreve Hobsbawm. Com isso Hitler teve tempo para executar as manobras militares que levaram o mundo à guerra. Reocupou a Renânia, região na fronteira com a França, e invadiu a Áustria, onde foi recebido como herói. Em 1938, conseguiu que Inglaterra e França lhe cedessem a região dos Sudetos, na Tchecoslováquia, onde a maioria da população era de origem alemã e, em 1939, tomou a Polônia.

No início, a guerra só aumentou a popularidade de Hitler. Afinal, ele prometera uma vitória rápida, e o mundo viu tchecos, poloneses e franceses se renderem, um a um, à superioridade germânica. Hitler acompanhava pessoalmente as operações e capitalizava cada vitória nos campos de batalha. "A maioria do povo alemão acompanhava as batalhas pelo rádio e pelo cinema. Neles, os soldados alemães sempre venciam e Hitler sempre estava a liderá-los", afirma o historiador americano Stephen Ambrose no livro *O Dia D*.

Embora esse seja um tema delicado até hoje, a maioria do povo alemão apoiou Hitler e participou dos esforços de guerra. Em 1943, quando 100 mil soldados alquebrados pelo frio, pela fome e pela artilharia soviética se renderam em Stalingrado, nenhum analista militar tinha dúvida de que o sonho de Hitler estava fadado ao fracasso. No entanto, poucos resolveram abandonar o barco. Pelo contrário, a derrota no gelo foi utilizada por Joseph Goebbels, ministro da Propaganda, para reforçar o culto ao führer. Num discurso em Berlim, ele pediu a todos que seguissem seu líder até o fim. *Her doctor*, como era chamado por Hitler, declamou os versos do poeta alemão Theodor Körner: "Agora, erguemo-nos todos e que a tempestade se abata sobre nós". A cena está descrita no diário de Goebbels, citado por Ian Kershaw no livro *Hitler 1936-1945: Nêmesis*. Segundo ele, o público composto em grande parte por veteranos de guerra respondeu em coro: "O führer comanda, nós obedecemos".

Assim se fez. Ainda que a guerra passasse a se mostrar cada vez mais desesperada, a aura de respeito e poder que Hitler criara em torno de si permaneceu. O povo alemão culpava os outros chefes nazistas e os generais pelas derrotas. No final de 1944, Hitler foi acuado em Berlim. A guerra estava perdida e lhe restava pouco tempo. Em 1945, já no bunker, numa discussão com um grupo seleto de colaboradores, falou-se pela primeira vez de sua morte. Segundo o historiador Joachim Fest, Hitler não quis fugir. O argumento de Albert Speer, um dos ideólogos do nazismo e amigo de Hitler, foi decisivo para que ele ficasse. "No grand finale, o artista principal tem de estar no palco", teria dito.

Curvado, mal conseguindo andar, Hitler passou seus últimos dias trancado, isolado do mundo. De lá, soube da capitulação de alguns de seus principais líderes militares, como Himmler e Göring. Acusou-os de traição, mas não pôde fazer nada. Comemorou com um banquete seu último aniversário, em 20 de abril. Sua mão esquerda tremia como sintoma do mal de Parkinson. Pouco antes de se matar, Hitler casou-se com Eva Braun e ordenou um último gesto de carinho para com sua cadela Blondi: pediu que ela fosse morta também.

A PÁTRIA QUE O PARIU

A ameaça comunista e a hiperinflação abriram as portas da Alemanha para o ideário nazista

Entre 1919 e 1933, a Alemanha viveu o período conhecido como a República de Weimar. Foram tempos difíceis. A Primeira Guerra havia terminado e o Tratado de Versalhes impôs ao país duras penas. Em resumo, os germânicos estavam falidos. O desemprego chegou a atingir 45% da população. Em 1923, por exemplo, um maço de cigarros custava 4 bilhões de marcos. E, em novembro do mesmo ano, o colapso econômico chegou ao seu ápice: 1 dólar valia 4,2 trilhões de marcos. Para fugir da turbulência que tomou conta de Berlim, o governo alemão mudou-se para Weimar, uma pequena e bucólica cidade da Turíngia, na antiga Alemanha Oriental. O objetivo da Assembleia que se reuniu ali era criar a Constituição da República. A nova Carta substituiria as leis dos kaisers, destronados um ano antes da derrota da Alemanha na Primeira Guerra. Nesse período em que o povo alemão ficou órfão de mandatários, membros da ala radical do Partido Social-Democrata, inspirados pela recente Revolução Russa, criaram o grupo Spartakista e tentaram instaurar um governo comunista. A luta armada tomou conta das ruas de Berlim, mas o movimento foi reprimido por um governo provisório formado pela ala moderada do partido com o apoio de grupos conservadores. O esmagamento do grupo culminou com o assassinato de Karl Liebknecht e Rosa Luxemburgo, ícones do movimento.

Com a ameaça comunista e a hiperinflação, a República de Weimar já nasceu derrotada. Circulavam no país tratados racistas baseados em documentos forjados que responsabilizavam os judeus pelo fracasso na Primeira Guerra, como parte de um suposto plano de conspiração judaica para dominar o mundo. Grupos nacionalistas armados assassinavam quem considerassem inimigos da Alemanha. Até o final de 1922, mais de 400 pessoas foram mortas por motivos políticos, a maioria vítima de grupos de extrema direita.

As insurreições e tentativas de golpe eram constantes. Em 1923, em Munique, Adolf Hitler, líder do pequeno Partido Nacional-Socialista (que depois teria seu nome abreviado para Partido Nazista), fez sua primeira tentativa de golpe de Estado. Fracassou. Graças a um novo plano do governo que conseguiu estabilizar o valor do marco e renegociar o pagamento das indenizações de guerra e com o apoio de empréstimos dos Estados Unidos, tudo indicava que o pior havia passado. Mas a quebra da bolsa americana, em 1929, e a depressão econômica resultante dela minaram todo o otimismo do governo alemão, cada vez mais pressionado pela ascensão de políticos nazistas. Em 24 de março de 1933, uma Alemanha exausta e dominada por uma Câmara de Deputados já pouco representativa resolveu dar plenos poderes a Adolf Hitler. Dez anos após sua primeira tentativa de golpe, ele chegou ao poder prometendo reerguer o país, mesmo que para isso fosse necessária uma nova guerra mundial.

A SEDUÇÃO DA BARBÁRIE

Como o Terceiro Reich nasceu em um dos países mais evoluídos do mundo e como a população alemã ajudou o partido de Adolf Hitler

- EDUARDO SZKLARZ -

EDIÇÃO 124 · NOVEMBRO 2013

Em 28 de maio de 1933, o médico Karl Wesen e seu aluno Jürgen Ernst sentaram em um bar para tomar café na cidade alemã de Würzburg. Ao ver que o judeu Adam Golom e sua amiga "ariana" Helena Valentin conversavam de forma "provocadora" na mesa ao lado, eles perseguiram e esbofetearam o casal na rua. Depois os denunciaram à Gestapo, a polícia secreta do Reich, por desonra racial. Naquele mesmo ano, o pediatra Erich Hässler recebeu uma oferta tentadora: virar chefe do Hospital Infantil de Leipzig. Bastava ocupar o lugar de Siegfried Rosenbaum – expulso da clínica por ser judeu. Hässler aceitou na hora. Em 1941, já com a Alemanha em guerra, a aposentada Helene Pfaf denunciou o comerciante Ludwig Hell por vender aguardente – um produto escasso – a uma judia em Miltenberg. Hell sofreu uma advertência e a judia, Elizabeth Mannheimer, foi confinada em um lar de anciãos.

Histórias como essas ajudam a entender que o nazismo não se restringiu a meia dúzia de líderes insanos. "Existe um amplo consenso entre historiadores de que a ditadura nazista se baseou no apoio ativo de numerosos 'alemães comuns', que não haviam sido membros do Partido Nazista antes de 1933", diz Martin A. Ruehl, professor de pensamento alemão na Universidade de Cambridge, na Inglaterra. "Hitler foi um ditador carismático que desfrutou de enorme popularidade entre o povo alemão, pelo menos até a Batalha de Stalingrado, no inverno de 1942."

Claro que houve coerção durante o nazismo, mas também existiu um amplo consenso. Os alemães comuns estavam felizes com o führer (a palavra alemã para líder). Ele domou a inflação, restaurou a ordem, fez o país crescer e nutriu a esperança de que a Alemanha voltasse aos tempos gloriosos do império. "A ideia de uma Volksgemeinschaft ('comunidade nacional'), embora nunca totalmente realizada, deu a muitos alemães uma sensação de recomeço, de ser parte de uma sociedade menos dividida, de uma Alemanha melhor e mais forte", afirma Ruehl. "E as políticas de bem-estar, geralmente financiadas com dinheiro tirado de judeus alemães, foram importantes para isso." Nesta reportagem, você vai ver como os nazistas do Terceiro Reich convenceram os alemães a segui-los na paz e depois na guerra – mesmo à custa de atrocidades.

FASE 1: INDIGNAÇÃO

Nos anos 1920, o Partido Nazista era a agrupação mais virulenta da extrema direita alemã. E também uma das menos expressivas. Em 1928, os nazistas conseguiram só 12 cadeiras (3% dos votos) no Parlamento (Reichstag). No entanto, em 1930 eles conquistaram 107 cadeiras e 6,5 milhões de votos, tornando-se o segundo maior partido do país atrás dos sociais-democratas. Em julho de 1932, já eram de longe o mais popular, com 230 assentos e 13,4 milhões de votos (37%). "Mas, entre os milhões que votaram em Hitler, havia muitos, talvez a maioria, que não votaram pelo pacote da ideologia nazista, que incluía antissemitismo, expansionismo, higiene racial e hostilidade à democracia e à cultura moderna. O voto de 1932 foi acima de tudo um voto-protesto", diz o historiador britânico Richard J. Evans na trilogia *O Terceiro Reich*.

O povo revelou nas urnas o repúdio que sentia pela República de Weimar (1919-1933) - que substituiu o Império Alemão após a Primeira Guerra. Esse breve período democrático havia sido marcado pelo caos e pela violência. Em 1932, um em cada três alemães estava desempregado. Assim, os eleitores castigaram os principais partidos da república, como o Social-Democrata e o Centro Católico.

Acima de tudo, os alemães culparam os políticos por aceitar as condições do Tratado de Versalhes. Pelo acordo, a Alemanha perdeu 13% do território e 10% da população, todas as colônias, 75% das reservas de ferro e 26% das de carvão. O país teve que destruir 15 mil aviões e 6 milhões de fuzis. A força aérea foi abolida, o Estado-Maior, dissolvido e o Exército, reduzido a 100 mil homens. "As condições de paz, embora mais brandas do que a Alemanha planejava impor aos inimigos em caso de vitória, causaram profundo ressentimento em quase todos os alemães", diz Evans.

A guerra terminou de forma ambígua: a Alemanha pediu o armistício com o Exército quase intacto. Daí a profunda indignação dos alemães quando souberam que ainda teriam de pagar reparações pelos danos do confronto. Como nenhum político queria subir impostos para isso, o jeito foi imprimir moeda. A inflação disparou. Segundo Evans, o valor do dólar pulou de 4 marcos em 1913 para 4 trilhões (4 seguido de 12 zeros) de marcos em dezembro de 1923. Com o crack da bolsa de Nova York, em 1929, a Alemanha perdeu o rumo.

Hitler soube tirar proveito disso. "O Partido Nazista prometeu uma revisão do Tratado de Versalhes e a destruição de Weimar de uma forma mais radical que qualquer outro partido, diz Ruehl. "As várias crises econômicas levaram água para o moinho dos nazistas ao minar a confiança da Mittelstand (baixa classe média) no sistema político, e a Mittelstand perfazia o núcleo do eleitorado nazista." Os desempregados, até então fiéis aos comunistas, também passaram a votar em Hitler e engrossaram as filas da SA, a milícia do partido.

FASE 2: CONVENCIMENTO

Os nazistas perderam 2 milhões de votos na eleição de novembro de 1932, mas ainda eram a principal força no Parlamento. Acuado, o presidente conservador Paul von Hindenburg nomeou Hitler chanceler em 30 de janeiro de 1933. Achava que assim controlaria o führer e, de quebra, conteria o avanço do comunismo. Errou feio. Hitler se aproximou do Exército, conquistou a confiança dos industriais e culpou os comunistas por um incêndio no Reichstag. Ante o temor de uma nova revolução, conseguiu que Hindenburg firmasse um decreto que suprimia as liberdades individuais e punia com a morte a alteração da ordem pública. Em março, graças a uma aliança com os nacionalistas, Hitler teve o aval do Parlamento para governar com plenos poderes.

E assim, usando meios constitucionais – decretos, leis e plebiscitos –, os nazistas dissolveram os outros partidos e instalaram uma ditadura. O golpe totalitário foi selado em 1934, quando a Gestapo e o esquadrão de elite SS lançaram uma guerra interna contra a SA, que já contava com 2,9 milhões de membros e ameaçava sair das rédeas de Hitler. Naquele ano, as organizações nazistas já haviam penetrado em toda a sociedade, entre elas as Juventudes Hitlerianas, a Liga de Estudantes, a Liga de Mulheres Alemãs e a Frente do Trabalho, que absorveu os sindicatos. Por meio desse processo de Gleichschaltung ("coordenação"), os nazistas queriam controlar cada aspecto da vida alemã. E conseguiram. A população começou a ver a ditadura como desejável e legítima. "A brutalidade de Hitler contra todo aquele que ousasse tocar uma mulher numa rua escura lhe rendeu um grande respeito por parte de muitas mulheres", diz o historiador canadense Robert Gellately. "Outros ficaram gratos por recuperar o trabalho, muitas vezes à custa de judeus demitidos. E havia aqueles que desconfiavam dos nazistas mas decidiram dar-lhes uma chance."

A economia começou a girar com o programa de rearmamento e a produção automotriz, que dobrou de 1932 a 1933 e de novo em 1935. Enquanto dirigiam seus carros subsidiados, os alemães escutavam no rádio as propagandas sobre a "batalha" contra o desemprego. "A crença de que Hitler realmente estava reconstruindo a Alemanha ajudou a aumentar a aceitação do regime nos primeiros meses", diz Evans. É certo que o país cresceu, mas estava longe de um milagre econômico. Hitler pegou carona numa economia global em recuperação e reivindicou para si medidas de incentivo à agricultura e à indústria que já vinham dos governos anteriores.

Mais do que isso: o Terceiro Reich manipulou as cifras. "A aparente solução rápida para o problema do desemprego no nazismo não se baseou só na criação de postos de trabalho, mas em retirar pessoas do mercado sem colocá-las no registro de desempregados", diz o historiador britânico Dick Geary em *Hitler e o Nazismo.*

Isso não aconteceu só com os judeus que perderam seus cargos. Entre 1933 e 1937, cerca de 700 mil jovens "arianas" abriram mão de trabalhar para poder receber um empréstimo estatal de 1 milhão de marcos (20% do salário médio anual). É que, segundo a Lei para a Redução do Desemprego, só receberia o empréstimo a mulher que ficasse no lar para procriar.

Portanto, o número de desempregados não caiu pela metade entre 1932 e 1934 nem foi inferior a 1 milhão em 1937, como rezava a cartilha nazista. Para o alemão comum, porém, Hitler estava botando o país nos trilhos. "A autoridade carismática se baseia na percepção das massas de que o chefe possui uma missão, um heroísmo e uma grandeza particular", diz o historiador britânico Ian Kershaw no livro *The Hitler Myth* (O Mito Hitler, em tradução livre). Isso explica a importância da ritualização do culto ao chefe. "Para convencer os alemães de que ele era o redentor, os nazistas multiplicaram os desfiles de rua, onde os militantes levavam bandeiras e faziam a saudação [*Heil* Hitler!]", diz Kershaw.

FASE 3: TENTAÇÃO TOTALITÁRIA

Enquanto canalizava a indignação do povo, o nazismo botava as mangas de fora. Implantou um terror seletivo, sobretudo no início. Os primeiros campos de concentração eram reservados aos "indesejados" e "inimigos do Estado", como comunistas, judeus, gays e criminosos. O alemão médio foi preservado. "Hitler se preocupou em erguer uma ditadura popular. Nas ocasiões em que a sociedade não apoiava o que procurava fazer, foi preciso voltar atrás", diz Gellately. Isso aconteceu em abril de 1933, quando muita gente ignorou um boicote às lojas judaicas. E em 1938, quando o Partido Nazista removeu crucifixos das escolas, mas precisou colocá-los de novo nas paredes ante a chiadeira geral.

Para formar a Gestapo, o regime aproveitou 90% dos soldados das antigas polícias políticas de Weimar. Em vez de eliminá-los, disse a cada um deles: "Olhe, você até hoje combateu o comunismo para as outras polícias. Agora vamos lhe dar mais poder do que nunca imaginou. Se tiver qualquer suspeita contra qualquer pessoa, poderá detê-la sem problemas". Gellately chama essa estratégia de "tentação totalitária". Para oficiais como Heinrich Müller, que havia caçado comunistas nos anos 1920, foi mesmo tentador seguir as novas diretrizes. Ele virou o chefe da Gestapo.

Assim também o regime cooptou artistas, filósofos, professores e repórteres. "Os nazistas não precisaram silenciá-los. Apenas disseram: 'Vocês podem continuar trabalhando, só não escrevam nada crítico sobre nós'", diz o historiador. Os profissionais da saúde foram seduzidos com uma sandice em voga na época, a eugenia, que buscava aprimorar a raça humana pela genética. Um exército de médicos e enfermeiras esterilizou 400 mil pessoas no período de 1933 a 1938, entre elas deficientes físicos e mentais, epiléticos e alcoólatras.

Em cada bairro, o nazismo motivou os alemães a construir uma sociedade policial. A exemplo das pessoas que abrem esta reportagem, uma enorme rede de voluntários prestou ajuda à Gestapo. "Em Würzburg, havia apenas 20 oficiais da Gestapo para 100 mil moradores", diz Gellately. O historiador americano Eric A. Johnson chegou à mesma conclusão. "Na cidade de Krefeld, 41% dos processos contra judeus entre 1933 e 1939 foram iniciados por denúncias de civis, contra 19% da Gestapo e 8% de outras organizações", diz ele no livro *Nazi Terror* (Terror Nazista, em tradução livre).

FASE 4: EXTERMÍNIO

Quando a Alemanha deflagrou a Segunda Guerra, em 1º de setembro de 1939, o terror se radicalizou. Programas de esterilização deram lugar à eutanásia em massa, que vitimou crianças com síndrome de Down, deficientes, esquizofrênicos ou qualquer pessoa considerada "indigna de viver". A partir de 1941, o pesticida Zyklon B usado na eutanásia foi adaptado nos campos de concentração para exterminar 6 milhões de judeus.

A propaganda nazista tentou suavizar a selvageria. A operação da eutanásia, por exemplo, deveria ser mantida em sigilo. Os centros de eliminação ficavam em hospitais. Os médicos faziam atestados de óbito com datas e causas de morte falsas. Mas a verdade veio à tona. Pessoas demais morreram de repente. As famílias protestaram. Em 1941, após um sermão do arcebispo de Münster, Clemens August Graf Von Galen, o nazismo interrompeu a prática – mas deficientes continuaram morrendo em centros de saúde por meio de injeção letal, medicamentos e fome, num total avaliado em 200 mil vítimas.

Não dá para estimar quantos sabiam em detalhes sobre o extermínio dos judeus. Mas, diante de tantas evidências por parte de um regime que nunca escondeu suas intenções, não era difícil ligar os pontos. "Muita gente se tornou especialista em não saber", diz Kershaw. Relatórios confirmam que havia rumores de fuzilamentos em massa de judeus no outono de 1941. Até quem vivia confinado ouvia notícias das matanças. Prova disso são os diários de Victor Klemperer, judeu convertido ao protestantismo que se salvou por ser casado com uma "ariana". Preso numa *Judenhaus* (casa de judeus) em Dresden, ele registrou que em janeiro de 1942 já se sabia sobre judeus executados na Letônia e na República Tcheca.

Mas os alemães comuns ficaram calados. Haviam endossado a exclusão social dos judeus desde as Leis de Nuremberg, em 1935, e fizeram o mesmo ante o extermínio. O que explica o silêncio? "Foi uma mistura de egoísmo, falta de interesse pelo que começaram a ver como 'outros', antissemitismo, ignorância (não querer saber sobre o destino dos judeus) e medo das recriminações da SS e da

Gestapo", diz Ruehl. O único grande protesto ocorreu em 1943, quando a Gestapo deteve os últimos judeus de Berlim. Cerca de 1 800 deles eram casados com não judias e tinham o status de "privilegiados", como Klemperer. As esposas se manifestaram na porta do edifício onde eles aguardavam a deportação. E o que fez o regime? Poupou as mulheres e libertou os maridos. Prova de que o monstro recuava quando a população pedia.

99 CONTRA 1

O antissemitismo dos alemães foi manipulado pelos nazistas

O antissemitismo era um aspecto central do pensamento de Hitler. Mas até que ponto o ódio aos 600 mil judeus alemães (1% da população) influenciou os cidadãos comuns a abraçar o regime? O historiador americano Daniel J. Goldhagen gerou polêmica ao dizer que os alemães carregavam uma variante especialmente violenta de antissemitismo, que ele chama de "eliminacionista". Eram crenças e valores desenvolvidos bem antes da ascensão nazista e que pediam a eliminação da influência dos judeus da vida social. "Quando os nazistas assumiram o poder, encontraram-se senhores de uma sociedade já imbuída de noções prontas a serem mobilizadas para a mais extrema forma de eliminação imaginável", diz Goldhagen no livro *Os Carrascos Voluntários de Hitler*.

O britânico Ian Kershaw tem outra hipótese. Ele concluiu que o antissemitismo não era ativo, mas latente. E não foi o fator principal de adesão do eleitor ao nazismo (a ânsia de ordem e estabilidade foram mais importantes). "Existia o que chamo de 'ódio latente' ao judeu, tingido de antijudaísmo cristão. Essa estrutura tradicional da identidade nacional conduziu os alemães a aceitar a política antissemita do regime, e as igrejas de todas as confissões a não denunciá-la", diz Kershaw. "Isso permite entender por que o nazismo não conseguiu, fora do círculo do partido, transformar o ódio estático em ódio dinâmico e levar cada um a perseguir judeus. Mas também explica que os alemães deixaram, por indiferença, que o regime nazista se lançasse a essa tarefa. O resultado foi que todo um povo em guerra colaborou com o extermínio."

HITLER E EU

A conversão ao nazismo narrada em primeira pessoa

Em 1934, o professor norte-americano Theodore Abel, da Universidade Colúmbia, foi à Alemanha e ofereceu um prêmio às melhores autobiografias de membros do Partido Nazista. Dos 600 relatos que compilou, seis foram publicados em seu livro *Why Hitler Came into Power* (Por Que Hitler Chegou ao Poder, em tradução livre), de 1938. Os testemunhos revelam motivos que levaram muita gente comum a abraçar o nazismo. A seguir, trechos de dois deles:

HISTÓRIA DE UM TRABALHADOR: aos 10 anos, cortei a perna e fiquei dois anos no hospital. Ao voltar para casa, tive notícias da guerra e vi como soldados marchavam para a morte, sacrificando seu sangue pelas crianças. Aprendi que não há nada mais sagrado que o amor altruísta por nossa terra natal. Decidi ser um revolucionário. Comecei a ler Marx. Quando vieram as eleições, meu pai disse que Hitler era o homem certo. Mas isso não significou nada para mim. Em 1924, meu irmão me convidou para ir a um encontro da [agrupação nazista] Völkischsozialer Block. Eu disse que nunca me juntaria aos homens de suástica, mas meu irmão disse que eu só precisava ouvi-los. Vi o doutor Goebbels falar e meu coração se iluminou. Estudei os discursos de Hitler e passei à cooperação ativa. Um dia vi Hitler falar em Essen. Decidi que lutaria por ele até a vitória. A fé foi o que nos levou adiante. Fé na Alemanha, fé na pureza de nossa nação e fé no nosso líder. Algum dia o mundo vai reconhecer que o Reich que construímos com sangue e sacrifício é destinado a trazer paz e bênção ao mundo.

HISTÓRIA DE UM ANTISSEMITA: em 1911, eu me alistei. Combati no front oriental e voltei a Berlim, onde matava o tempo indo a reuniões da [organização antissemita] Schutz und Trutzbund. Ainda não sabia como harmonizar o nacionalismo com meus sentimentos socialistas. Com a alta inflação, todo mundo estava ainda mais interessado nas coisas materiais. Cada qual só pensava em si. O veneno instilado no povo por décadas, com a ajuda da imprensa judaica e apoiado pela arrogância das classes dominantes, mostrou efeitos desastrosos. Em 1926, tive meu primeiro contato com os nacional-socialistas. Em 1931, fui aceito pelo Partido. Uma coisa é certa: a batalha levada a cabo pelo judaísmo internacional com a ajuda das pessoas degeneradas na Alemanha vai levar à ruína seus perpetradores. Minha crença é que nosso líder, Adolf Hitler, foi predestinado a ser o salvador da nação alemã, trazendo luz à escuridão.

CIÊNCIA NAZISTA

Os pesquisadores alemães eram os mais capacitados do planeta e muitos deles colocaram seu conhecimento a serviço do Terceiro Reich. Há uma coleção de atrocidades – e outra de avanço científico

- RODRIGO REZENDE -

EDIÇÃO 105 · ABRIL 2012

"Os guardas nos tocam a uma velocidade infernal, gritando e despejando golpes sobre nós, ameaçando-nos com execução, os demônios! O barulho vara o cérebro e rasga os nervos. O ritmo demente dura 15 horas. Chegando ao dormitório, nós nem sequer tentamos os catres. Bêbados de exaustão, desabamos nas pedras, no chão. Atrás, os guardas nos empurram. Os de trás passam por cima dos camaradas. Logo, mais de mil homens desesperados, no limite da existência e dilacerados pela sede, jazem ali à espera do sono que jamais vem. Pois os gritos dos guardas, o barulho das máquinas, as explosões e o clangor do sino da locomotiva nos alcançam mesmo assim." – Jean Michel, líder da Resistência Francesa preso pelos nazistas, trabalhador escravo em 1943 na fábrica subterrânea de foguetes V2.

O testemunho que você leu na página anterior lembra o sofrimento que milhões de pessoas enfrentaram nos campos de concentração. Mas é o relato de um dia de trabalho no projeto científico mais importante da Alemanha nazista: a fábrica subterrânea de mísseis Mittelrwerke (Fábrica Central). Lá se produzia o artefato bélico mais espetacular do planeta: o V2, foguete de 14 toneladas, capaz de chegar a 80 km de altitude e que causou pesados danos a Londres na Segunda Guerra. O primeiro objeto a ir além da atmosfera terrestre era a menina dos olhos de Hitler. Tanto que, assim que a "bela adormecida" – apelido da antiga fábrica do V2 – foi bombardeada pelos aliados, o führer não mediu esforços para transferi-la para baixo da terra, em 1943. "Não deem atenção ao custo humano", disse o responsável pela obra, Hans Kammler. Mais de 20 mil prisioneiros morreram na fábrica – contra 7 mil baixas causadas pelo V2 na Inglaterra. A decisão de usar mão de obra escrava na construção como forma de reduzir custos foi aprovada por Wernher von Braun, criador e supervisor dos mísseis V2.

EUA, 15 de julho de 1969. Em uma entrevista sobre o lançamento da nave Apollo 11, um repórter pergunta a um dos responsáveis pelo projeto: "Você pode garantir que o foguete não vai cair em Londres?" Irritado com a ironia, o cientista abandona o evento. Haviam se passado 26 anos desde os mísseis de Nordhausen lançados sobre Londres. Ele trabalhava para os americanos desde 1945 (chegou à Nasa em 1960). Mas o fantasma do V2 ainda assombrava Von Braun.

A ida de Von Braun para a Nasa está longe de ser um caso isolado na diáspora de cérebros que ocorreu na Alemanha pós-guerra. Os cientistas de Hitler se transformaram em artigo de primeira no mercado científico-militar internacional. Herdeiros de um tempo em que a Alemanha era a meca da ciência mundial – mais da metade dos prêmios Nobel em ciência e medicina até 1921 eram alemães –, conheciam os segredos por trás das maravilhas tecnológicas nazistas: motor a jato, míssil teleguiado, submarinos, transmissão de TV, armas químicas, foguetes. Inglaterra, França, EUA e URSS se lançaram em uma corrida pelo maior número de cientistas alemães ainda antes do fim da guerra. Colocar as mãos nesse conhecimento traria vantagens políticas e econômicas para qualquer país.

Os norte-americanos montaram o projeto Alsos para buscar reatores nucleares dentro da Alemanha em 1943. Ian Fleming, criador de James Bond e membro da Inteligência Naval britânica, tomou parte na T Force - seu grupo foi o primeiro a chegar à fábrica dos V2. Mas como isso tudo começou? Como o ideal de superioridade da raça ariana se transformou em objeto - e objetivo - da ciência alemã? De que forma a guerra contribuiu para o avanço tecnológico? Para responder a essas perguntas, é necessário voltar no tempo.

IDEOLOGIA E CIÊNCIA

1932 - Um professor apelidado de Rassen-Günther (Günther-Raça) estreia na cadeira de antropologia da Universidade de Jena, na Alemanha. Ele explica as ideias do colega Alfred Plötz: "Os avanços da medicina encorajam a sobrevivência de cepas humanas degeneradas. Isso atrapalha o desenvolvimento natural das pessoas mais capazes e impede a supremacia do povo nórdico". Na sala, um aluno ouve o professor com atenção. Em suas mãos, o livro que deu origem ao apelido de Günther: *Rassenkunde des Deutschen Volkes* (Higiene Racial do Povo Alemão, em tradução livre). Nome do aluno: Adolf Hitler.

A doutrina da higiene racial nasceu da eugenia, ciência que prega a seleção genética em seres humanos. Mas o berço do ideal de pureza racial não foi a Alemanha. O primeiro Congresso Internacional de Eugenia aconteceu em 1912 na Inglaterra e contou com a presença de gente da estirpe do ex-primeiro ministro britânico Winston Churchill, o inventor Alexander Graham Bell e o filho de Charles Darwin, Leonard Darwin. A nova ciência se espalhou rapidamente para os EUA, onde mais de 100 mil pessoas foram esterilizadas, no período de 1907 a 1960, com base nela. Naquela época, a eugenia não era vista como uma maluquice, mas como uma ciência respeitável, praticada internacionalmente. Nas mãos do futuro führer, transformou-se em arma política.

O nazismo já tinha na ciência sua justificativa ideológica. E usou-a de novo com objetivo militar. Diante da restrição à produção de armamentos imposta pelo Tratado de Versalhes, após a Primeira Guerra, o Exército alemão concluiu que só existia uma saída: se não é possível vencer pela quantidade de armas, o jeito é investir na qualidade. Quando a opinião dos militares caiu nos ouvidos de Hitler, a vida dos cientistas alemães mudou: o führer meteu o bedelho na ciência. Que preparo tinha Hitler para lidar com cientistas? Nenhum. Mas isso não era problema. "Hitler achava que tinha respostas para assuntos como munição, aeronaves, ciências naturais, engenharia. Era quem menos queria ouvir os especialistas. Não havia nada que você pudesse dizer a ele", diz o historiador Michael Kater, autor de *Doctors under Hitler* (Médicos sob Hitler, em tradução livre) e mais sete livros sobre o nazismo.

Quanto mais conhecemos os mentores e o ideário por trás do projeto científico nazista, mais difícil entender como ele originou uma das principais revoluções científico-tecnológicas da História. Segundo um dos historiadores mais respeitados no assunto, isso se deve a uma visão simplista: "Existe o mito de que a política é capaz de contaminar o desenvolvimento da ciência. Mas, na realidade, o fascismo pode ser um estímulo para a ciência de qualidade", afirma Robert Proctor, pesquisador da Universidade Stanford. Para Proctor, algumas das descobertas mais significativas do período foram feitas não apesar dos objetivos raciais e militares dos nazistas, mas por causa deles. "Os nazistas tinham objetivos malignos, mas não eram idiotas. Alguns desses objetivos, como a política racial, foram a fonte de grande parte da ciência de ponta." Entender o desenvolvimento da ciência nazista já é um desafio difícil, mas pode piorar. Como no caso dos médicos, que ao se formar juram viver para curar pessoas e se dedicaram a pesquisas sórdidas com seres humanos.

MÉDICOS E MONSTROS

Trancafiados em enfermarias e laboratórios nazistas, seres vivos passavam por atrocidades inimagináveis. Taxados de *Lebensunwertes*

Leben (vidas indignas de serem vividas), eles eram mantidos em água gelada, obrigados a ingerir gás mostarda, usados como "viveiros" de bactérias, fuzilados com balas envenenadas, queimados com bombas incendiárias, amputados sem necessidade e torturados em câmaras de baixa pressão. Diante de tanto horror, é inevitável a pergunta: por que médicos fizeram isso?

A resposta está na situação em que se encontrava a medicina quando Hitler chegou a poder. Em 1933, os médicos formavam a profissão com maior filiação ao partido nazista: 44,8% deles tinham carteirinha. Os advogados, em segundo lugar, não chegavam a 25% de adesão. Além do peso político do nazismo, outra situação ajudou a estimular a xenofobia entre os médicos: "Os judeus estavam super-representados na medicina. Em Viena, eles formavam 80% da categoria", afirma Kater. Esses fatores catapultaram o fanatismo nazista, agravando ainda mais o racismo. E despertaram o interesse em defenestrar a "máfia judia" em busca de vantagens pessoais. O judeu inferior, que roubava o emprego dos arianos superiores, agora deveria ser exterminado feito um rato.

Com a demissão em massa de judeus e a demanda de profissionais para purificar a raça, não faltou mais trabalho para os médicos. Em 1939, eles examinaram 250 mil pacientes psiquiátricos e condenaram 75 mil à eutanásia. Quando o programa de extermínio de doentes foi desaprovado publicamente em 1941, eles continuaram o trabalho. Em segredo, mataram mais 100 mil de fome. O know-how adquirido foi usado no projeto Solução Final, cujo objetivo máximo era o extermínio de 11 milhões de judeus em campos de concentração. Ali, cientistas nazistas ponderaram: "Judeus são ratos. E ratos são cobaias. Logo, judeus são cobaias". É possível que um raciocínio simples como esse explique a conduta de muitos dos 350 médicos envolvidos em experiências que usaram humanos.

Um desses médicos teve atitudes que nem a fria lógica nazista justifica: jogou prisioneiros em caldeirões ferventes, injetou tinta em olhos de crianças, uniu gêmeos cirurgicamente e dissecou anões vivos. Que explicação você daria para os atos do médico conhecido como o "anjo da morte" de Auschwitz, Josef Mengele? "Louco, doente, demônio" são respostas que vêm à mente quase por instinto. Reagir emotivamente à repugnância moral é uma atitude humana. Mas amaldiçoar o homem que extrapolou os limites da criatividade mórbida, especialmente em experimentos com gêmeos, não nos traz mais compreensão sobre o assunto. Para entender a mente de Mengele, o historiador Robert Lifton fez estudos biográficos minuciosos e realizou entrevistas com ex-médicos nazistas. "Eu não acho que a psicologia de Mengele esteja além da nossa compreensão", diz Lifton. "Mas ele é um caso extremo e é necessário se esforçar ao máximo para isso."

O uso de cobaias humanas podia não ter justificativa ética, mas tinha razão prática: ajudar o Exército alemão. Pilotos e soldados passavam por situações-limite, como exposição a mudanças bruscas de pressão, imersão em água gelada, queimaduras e infecções. Estudar essas condições implicava aumentar a chance de sobrevivência dos militares. Mas como fazer isso? Se o limite das experiências era a morte, os prisioneiros nos campos de concentração forneciam material farto como nunca antes – e, claro, depois, como cadáveres. Os experimentos eram cruéis, mas alguns produziam resultados significativos. Um exemplo: a melhor técnica atual de aquecimento em casos de hipotermia é baseada em dados obtidos nessas experiências.

Resultados como os das pesquisas de hipotermia contestam a visão de que os experimentos nazistas não passavam de pseudociência. Segundo um estudo da Sociedade Max Planck que durou seis anos e custou US$ 5 milhões, pode haver valor científico até nas atrocidades de Mengele. Segundo a líder do estudo, Susanne Heim, os experimentos dele, no contexto científico da época, "não eram totalmente implausíveis". Obsessões, como as que Mengele tinha com gêmeos em seus estudos, podem ter impulsionado até a busca por conhecimento científico de vanguarda. Um exemplo é o pioneirismo dos nazistas na produção de estudos sobre a relação entre o hábito de fumar e o câncer de pulmão. Segundo o historiador

Robert Proctor, isso ocorreu por uma característica nazista conhecida como "paranoia homeopática": a fixação por pureza e o temor de conviver com "toxinas presentes na comida e no ar".

É incontestável que os experimentos com humanos foram antiéticos. Mas, dos 350 médicos envolvidos nessas experiências, poucos foram julgados. Entre os 23 réus do tribunal especial para médicos em Nuremberg, incluindo Karl Brandt, líder do programa de eutanásia e clínico pessoal de Hitler, sete foram absolvidos, sete condenados à morte e o restante foi para a prisão. Mengele não estava entre eles. Livre, teria passado seus últimos dias no Brasil. Mas o destino de muitos cientistas nazistas capturados foi bem diferente do banco dos réus: laboratórios de instituições científicas dos países aliados.

A HORA DA PILHAGEM

"Se os norte-americanos têm mesmo a bomba de urânio, vocês são todos cientistas de segunda categoria!", afirmou o físico Otto Hahn a seus colegas de cativeiro semanas antes da explosão em Hiroshima. O descobridor do princípio por trás do funcionamento da bomba atômica e mais nove cientistas de elite alemães estavam presos em um lugar nada convencional: uma casa de tijolos vermelhos em estilo georgiano na periferia de Godmanchester. Farm Hall, perto de Cambridge, no leste da Inglaterra, era o endereço em que o governo britânico mantinha o maior tesouro intelectual que conquistou no fim da guerra: a nata da física quântica alemã. A ideia era convencê-los a trabalhar para o país. Mas, se dependesse do líder do projeto nuclear alemão, Werner Heisenberg, não seria tarefa fácil. "Nós vamos recusar os 50 mil rublos (oferecidos pela URSS) porque estamos satisfeitos e agradecidos em permanecer do lado dos ingleses?" Mal sabia ele que, em comparação com um lugar para onde os soviéticos mandavam nazistas, Farm Hall era um paraíso.

Para cooptar cientistas alemães, a URSS acenava com a possibilidade de eles trabalharem na Alemanha Oriental. Os que aceitaram se deram mal: era uma pegadinha de Stalin. Muitos dos que negaram receberam uma proposta ainda mais persuasiva: não ser fuzilado imediatamente. Forçados a viver por seis anos em Gorodmila – uma ilha cercada de arame farpado a meio caminho entre Moscou e Leningrado (hoje São Petersburgo) –, os cientistas moraram em cabanas no meio da floresta e fizeram ciência apenas com um material de ponta: o lápis.

A cobiça dos aliados por cérebros alemães era justificada: além dos foguetes V2, eles desenvolveram a física nuclear, o motor a jato e até a transmissão de TV. A bomba atômica nazista tinha tudo para dar certo, mas esbarrou em alguns problemas: a falta de interesse de Hitler – que privilegiava o V2 – e um erro de cálculo: Heisenberg acreditava que seriam necessários 2 toneladas de urânio 235 para fazê-la. Os alemães foram os primeiros a realizar um voo a jato, mas a pesquisa aeronáutica era tão cara que minou os recursos para produção de caças e bombardeiros padronizados. Para ter ideia do quão longe foi a tecnologia nazista, se um extraterrestre um dia for capaz de captar um sinal de TV, verá a primeira imagem transmitida na Terra: o discurso de Hitler nas Olimpíadas de Berlim, em 1936. Todo esse potencial científico-tecnológico certamente não passou despercebido pelos EUA.

IR À LUA COM OS NAZISTAS

Os EUA contrataram o maior superstar da ciência nazista como CEO de seu programa espacial. E Von Braun, o inventor dos foguetes V2, escolheu a dedo 120 pesquisadores especializados em mísseis teleguiados para trabalhar em Fort Bliss, no Texas. A equipe logo recebeu um upgrade: mais 380 cientistas alemães e uma nova base, em Huntsville, Alabama. Huntsville era tão cheia de nazistas que recebeu o apelido de Peenemünde do Sul, alusão à cidade alemã onde estava a "bela adormecida" de Hitler, a antiga fábrica dos V2, de que falamos no começo do texto.

A pilhagem desenfreada de ideias e cérebros alemães ficou muito mais acirrada depois de 1945, mas não foi aí que ela começou. Para entender a fuga de cientistas da Alemanha, é necessário analisar o que o nazismo produziu na ciência. Apesar dos efeitos maléficos do nazismo no meio científico, a afirmação corrente de que Hitler destruiu a ciência alemã é bem difícil de sustentar. Só a dimensão do interesse suscitado pelo conhecimento produzido no período já indica que houve significativa produção de qualidade. Caso contrário, um relatório de 600 páginas feito pelo Departamento de Justiça americano a respeito da migração nazista para os EUA – que veio a público apenas em 2010 – não chegaria à seguinte conclusão: "A América, que se orgulha de ser um porto seguro para os perseguidos, tornou-se, em alguma medida, porto seguro para os perseguidores". Entre os perseguidores que os EUA acolheram estava Hubertus Strughold.

DE RATOS E HOMENS

Trabalhando para a Nasa, Hubertus Strughold ganhou a fama de "pai da medicina espacial" e escreveu livros a respeito do tema. Em um deles, explica o que acontece a uma tripulação em uma cabine despressurizada a 15 mil m de altitude: "A menos que tivessem a proteção adicional de trajes pressurizados, eles precisariam recorrer a pequenas reservas de oxigênio do sangue e dos tecidos. Elas durariam cerca de 15 segundos. Depois disso, eles perderiam a consciência e a capacidade de se salvarem". Ao ler esse texto científico, objetivo, não dá para ter ideia de como Strughold pode ter chegado ao tempo de 15 segundos.

Para isso, é preciso conhecer seu antigo assistente, Sigmund Rascher, responsável pelos experimentos no campo de concentração de Dachau: "Sou, sem dúvida, o único que conhece por completo a fisiologia humana, porque faço experiências em homens, e não em ratos". E, sobretudo, o relato do prisioneiro Anton Pacholegg, assistente de Rascher nos experimentos na câmara de baixa pressão: "Vi um prisioneiro suportar o vácuo até que os pulmões rebentaram. Certas experiências provocaram tal pressão na cabeça dos pacientes que eles enlouqueceram, arrancando os cabelos no esforço para aliviar o tormento. Esses casos de vácuo absoluto terminavam geralmente com a morte do paciente." Strughold é acusado de destruir os dados obtidos por Rascher para evitar ser condenado por crimes contra a humanidade. Nunca demonstrou arrependimento por seu envolvimento em Dachau.

A ciência nazista produziu atos tão desumanos que tendemos a colocar todos os cientistas alemães na mesma "cesta de maçãs podres". "Nós preferimos nos focar nas imagens em preto e branco de nazistas fanáticos marchando porque isso permite que nos distanciemos deles", afirma Robert Proctor. Mas acontece que generalizar um julgamento – em relação a pessoas ou a dados científicos – é usar o mesmo raciocínio simplificador que levou os nazistas a cometerem tantas atrocidades. É um modo de se aproximar da atitude do ex-ministro da Defesa alemão Franz-Josef Strauss em 1957, ao julgar o físico Otto Hahn, que acabara de assinar um manifesto pacifista: "Velho imbecil. Não consegue dormir nem conter as lágrimas quando pensa em Hiroshima".

COMO AGIAM OS CIENTISTAS QUE NÃO ERAM NAZISTAS?

A ascensão do nazismo separou os cientistas em três grupos: os que deixaram a Alemanha, os que ficaram, mas buscaram manter valores éticos – e um formado por gente que colaborou com o regime, porém tentou vender outra imagem ao fim da guerra. O efeito mais devastador do nazismo foi na física: 25% dos físicos de elite deixaram o país logo que Hitler chegou ao poder. O impacto foi ainda pior na física teórica: 50% de evasão. Tudo isso porque o führer tinha desprezo pela ciência teórica, que associava aos judeus. Com isso, o berço da mecânica quântica e da relatividade foi desmantelado.

A proporção de citações alemãs em revistas internacionais de física despencou de 30%, em 1913, para 16%, em 1938. O maior estímulo para o êxodo de cérebros alemães veio da perseguição aos judeus. Desde 1933, a Alemanha perdeu de 2 mil a 3 mil cientistas (24 deles ganhadores do Nobel), a maior parte vítima do processo de arianização do serviço público, logo no começo do governo nazista. O silêncio diante das demissões – e a voracidade para ocupar as vagas – são vergonhas da ciência alemã. O físico Max Planck, que dá nome ao instituto, foi um dos que resolveram ficar. Pai da física quântica, ele procurou Hitler no começo do governo para interceder por cientistas judeus. Ouviu do führer uma frase que entrou para a História: "Se a ciência não pode passar sem judeus, teremos de nos haver sem ciência". Entre os colaboradores, o mais famoso é o físico nuclear Werner Heisenberg, chefe do projeto de pesquisa atômica alemã. Finda a guerra, ele vendeu a ideia de que fora o responsável por atrasar deliberadamente a criação da bomba de urânio alemã. Quando as gravações de Farm Hall foram reveladas, nos anos 1990, surgiu outra faceta de Heisenberg: a incompetência. Ele simplesmente não foi capaz de fazer a bomba. "Muitos cientistas que colaboraram com o regime se definiam como cientistas puros, sem distorção ideológica", diz a historiadora Margit Szöllösi-Janze, da Universidade de Munique. "Isso é o que realmente preocupa."

AS RELÍQUIAS DE HITLER

Um professor universitário desvendou o plano do führer para criar o Quarto Reich e legitimar o domínio mundial da Alemanha

- FERNANDO BADÔ -

EDIÇÃO 103 · FEVEREIRO 2012

Dominar o mundo à força não era o bastante para Adolf Hitler. Ele queria mais. Sonhava em legitimar sua liderança suprema sobre a "raça humana purificada". Para isso, durante os anos de conquista da Europa, utilizou o poder das tropas nazistas para pilhar artefatos históricos – muitos de inestimável valor religioso – que conferissem o status de "inquestionável" à sua liderança. Lembrou-se dos filmes de Indiana Jones? Pois ficção e realidade encontram, no final da Segunda Guerra (1939-1945), um ponto de intersecção. O ditador alemão realmente tentou usar tal estratégia, e um professor descobriu a trama e acabou com os planos do führer, como revela o historiador americano Sidney Kirkpatrick no livro *As Relíquias Sagradas de Hitler*.

Após ter acesso a informes do serviço de inteligência dos EUA, Kirkpatrick escreveu a história de como o primeiro-tenente do Exército

Walter Horn soube do plano de Hitler para legitimar-se como governante mundial ao se apossar de um conjunto de ornamentos reais conhecidos como Joias da Coroa do Sacro Império Romano-Germânico – propriedade dos Kaisers, que durante mil anos (800 a 1806) foram os governantes máximos das terras unificadas da Europa Central, reinando com a bênção da Igreja Católica – e de um antigo artefato de guerra que supostamente seria a lendária Lança Sagrada – também conhecida como Lança do Destino e Lança do Longino –, com a qual um centurião romano teria perfurado o peito de Jesus, para certificar-se de sua morte após a crucificação.

Soa estranho pensar que Hitler imaginasse que a posse de tais objetos fosse capaz de legitimar seu domínio sobre o planeta. A hipótese levantada por Kirckpatrick é que o ditador alemão buscava símbolos. "A posse da Lança Sagrada e das Joias da Coroa pode ter sido, na mente de Hitler, um meio para justificar sua tentativa de conquistar o mundo ocidental, como fez Carlos Magno antes dele", afirma o pesquisador. "Também poderia explicar por que Hitler acreditava ter autoridade para cometer as atrocidades pelas quais seus capangas foram julgados em Nuremberg."

O que a Lança do Longino e as Joias da Coroa tinham em comum era o simbolismo. Para uma legião de fanáticos, elas bastariam para conferir ao governante um status quase divino. Haviam sido veneradas por plebeus e nobres e, nas mãos de Hitler, seriam grandes armas psicológicas para conquistar a confiança dos compatriotas.

A DESCOBERTA DA TRAMA

Tal como Indiana Jones, Walter Horn, então com 36 anos, era professor universitário. Lecionava história da arte na Universidade de Berkeley, na Califórnia. O Exército dos EUA o convocou por falar alemão fluentemente – ele era alemão e havia fugido de seu país no período de ascensão do nazismo. Horn era um dos oficiais responsáveis por interrogar prisioneiros na primavera de 1945, meses antes de a Alemanha se render. Sua missão: descobrir se o inimigo utilizaria armas químicas ou biológicas contra as tropas aliadas.

Horn já acumulava 35 entrevistas, todas longas e inúteis, quando a sorte lhe revelou o plano de Adolf Hitler. O 36º interrogado foi o soldado raso Fritz Hüber, de 48 anos. Nada indicava que soubesse usar armas químicas ou biológicas. Estava magro, pálido e visivelmente afetado pelas noites maldormidas e pelo frio. Horn se compadeceu do prisioneiro, ofereceu-lhe um café e um cigarro e, antes de dispensá-lo, fez uma pergunta direta: "Sabe de algo que possa interessar à inteligência dos EUA?" Hüber respondeu com outra pergunta: "Você se interessa por arte e antiguidades?" Segundo Hüber, em Nuremberg, cidade considerada pelo próprio Hitler como "alma" do movimento nazista, um tesouro fora escondido sob o Kaiserburg, castelo imperial de grande importância histórica por ter sido residência oficial de todos os soberanos do Sacro Império Romano. Um bunker fora escavado na rocha sob o penhasco de arenito. Sua entrada era camuflada para parecer a garagem de uma loja de antiguidades. O esconderijo ultrassecreto só era conhecido por oficiais de alto escalão. Hüber só sabia de sua existência porque seu pai fazia a manutenção do sistema de ventilação e sua mãe limpava os artefatos escondidos.

Horn ouviu cada detalhe sobre o local, que guardava cerca de 100 objetos. Gravuras, esculturas, mapas, instrumentos musicais e muitas joias. Três chamaram sua atenção: uma coroa coberta com safiras, rubis e ametistas brutas; um conjunto de paramentos reais com figuras de camelos e leões adornados com pérolas; e uma caixa contendo uma almofada de veludo vermelho sobre a qual repousava um tipo de espada, a que as autoridades que frequentavam o local se referiam como "lança sagrada".

Não havia como ter certeza, mas as descrições levaram Horn a crer que Hitler estava de posse das Joias da Coroa do Sacro Império Romano e da Lança de Longino. Se estivesse certo, o bunker abrigaria o tesouro histórico do Terceiro Reich, onde estavam escondidos objetos que dariam a Hitler, pelo menos diante de seus seguidores mais fanáticos, o status de líder da humanidade.

Motivado mais pela chance de realizar uma descoberta arqueológica do que pela expectativa de seu relatório ser levado a sério pelo Exército, Horn juntou a transcrição da entrevista com um mapa desenhando por Hüber com a localização do bunker e enviou um relatório ao general George Patton, comandante do 3º Exército americano e líder da divisão de inteligência. Mas não esperava que seu relatório despertasse a atenção do oficial ou que a recuperação de relíquias históricas fosse considerada. O que Horn não sabia era que Patton tinha vasto conhecimento sobre artefatos históricos. E as Joias da Coroa exerciam sobre ele um especial fascínio. Quando, semanas depois, 5 mil soldados invadiram Nuremberg, uma divisão especial recebeu ordens para seguir o mapa de Horn. Encontraram o bunker abandonado e desprotegido.

Horn foi chamado para avaliar os artefatos. Viu obras de arte de valor inestimável, como A Saudação do Anjo, do escultor polonês Veit Stoss, identificou a suposta Lança do Destino, mas não encontrou as joias - recuperadas dias depois num abrigo antibombas. Os artefatos haviam sido removidos pela Gestapo para evitar que caíssem nas mãos dos aliados e, assim, não pudessem ser utilizados para dar continuidade ao plano de Hitler, de coroar-se o próximo imperador de um novo Sacro Império Romano-Germânico. Aquele que, nos sonhos megalomaníacos do führer, também deveria durar mil anos.

JOIAS DA COROA DO SACRO IMPÉRIO

O conjunto de artefatos reais era composto de coroa, cetro, orbe e das espadas imperiais, propriedades do Kaiser do Sacro Império Romano. Mais do que meros adornos, carregavam um simbolismo valiosíssimo, pois representavam a monarquia mundial germânica, que governava o planeta com a bênção da Igreja Católica, entidade que representava o próprio Deus na Terra. Não à toa, Napoleão as havia cobiçado quase 200 anos antes de Hitler.

A LANÇA SAGRADA

Diz a Bíblia que, antes de ser removido da cruz, Jesus teve seu coração perfurado por um soldado romano. Segundo o Evangelho de João (Cap. 19, v. 34), a tarefa ficou a cargo de um centurião chamado

Longino, com graves problemas de visão e incapaz de participar de batalhas. O sangue que jorrou de Jesus cobriu seus olhos, curando-os instantaneamente. Convertido pelo milagre, tornou-se cristão fervoroso, a ponto de ser santificado – você o conhece como São Longuinho, aquele que ajuda a encontrar objetos perdidos. À época do Sacro Império Romano, a tradição sugeria que Longino era ariano, descendente de tribos germânicas conquistadas pelos romanos. E mais: acreditava-se que quem empunhasse a lança levaria exércitos a vitórias em qualquer batalha e, portanto, teria o destino do mundo em suas mãos.

INDIANA JONES DA VIDA REAL

"A busca pelas relíquias sagradas é apenas um pano de fundo para a história de Walter Horn", afirma o autor do livro, Sidney Kirkpatrick. De fato, sem o conhecimento e a perspicácia do professor, talvez o plano de Hitler de perpetuar o regime fosse levado a cabo pelos nazistas após a sua morte.

Horn nasceu na Alemanha. Estudou história da arte na Universidade de Heidelberg e fez doutorado em Hamburgo. Opositor do nazismo, deixou o país em 1934 para se tornar pesquisador no Instituto Alemão de Arte em Florença, na Itália. Em 1938, emigrou para os EUA e foi morar na Califórnia.

Por sua contribuição na descoberta das relíquias, Horn foi promovido a capitão. Morreu aos 87 anos, em 1995. Por ordem do supremo comandante das Forças Aliadas, general Dwight D. Eisenhower, as Joias da Coroa foram devolvidas a Viena em janeiro de 1946.

Campo de concentração de Auschwitz, um dos mais tristes palcos do Holocausto

SHUTTERSTOCK

CAPÍTULO 2

ENTREVISTAS

O MITO ADOLF HITLER

Nos 120 anos do nascimento do líder nazista, seu mais respeitado biógrafo explica como um homem carismático foi capaz de arrastar a Alemanha para a Segunda Guerra Mundial e provocar o Holocausto

- FERNANDO EICHENBERG -

EDIÇÃO 73 · AGOSTO 2009

É pouco provável que algum dirigente político do século 20 tenha igualado o grau de popularidade alcançado por Adolf Hitler (1889-1945) na Alemanha, nos dez anos que se seguiram a sua chegada ao poder, em 30 de janeiro de 1933. O apoio da população ao Partido Nazista era tímido se comparado à veneração dos alemães por seu líder máximo. O culto ao mito exerceu um papel determinante no funcionamento do Terceiro Reich e na aterradora dinâmica do nazismo. Adorado pelo povo, adulado por seus subordinados e temido no resto da Europa, Hitler entrou para a História como a encarnação da barbárie, o artífice do Holocausto, o símbolo de um dos regimes mais horrendos já conhecidos da humanidade.

Em 2009, completaram-se 120 anos do nascimento de Hitler. Em abril de 1943, em uma Inglaterra bombardeada, nascia Ian Kershaw, que seria seu mais conceituado biógrafo. Kershaw, portanto, experimentou a guerra, mas debutou pesquisando a Idade Média. Só nos anos 1970 mergulhou no período mais trágico da Alemanha moderna. Suas teses sobre a popularidade de Hitler ampliaram a compreensão das engrenagens do nazismo. Seu trabalho monumental sobre o führer – dois volumes somando 2 500 páginas – é uma obra de referência obrigatória.

Em Paris para lançar a versão resumida desse livro, Kershaw, hoje professor da Universidade de Sheffield, na Inglaterra, reservou espaço de sua agenda para, em uma sala de hotel, conversar com AVENTURAS NA HISTÓRIA.

Para o senhor, a real importância de Hitler não estava em si mesmo, mas em como os alemães o viam. Como isso foi possível?
Em períodos de grande crise, surgem profetas oferecendo salvação. Não significa necessariamente que o personagem seja grandioso, mas ele tem qualidades de liderança heroica. O indivíduo Hitler não tinha grande apelo pessoal. À primeira vista, é difícil entender o que o povo enxergava nele. Mas, num contexto de perda da Primeira Guerra, humilhação nacional, turbulências políticas e miséria econômica, as pessoas estavam preparadas para investir nesse homem, ver nele qualidades que poderiam trazer uma salvação para a Alemanha.

O senhor diz que ele era um "ditador preguiçoso", que não se envolvia no funcionamento do governo. Mas discorda da tese do historiador alemão Hans Mommsen de que era um "ditador fraco". Como defini-lo?
O estilo de sua liderança não era de se envolver em todos os níveis. Não era como Josef Stalin (1878-1953), que controlava todas as diretivas. Hitler se contentava em deixar as coisas correrem, desde que na direção que ele determinou. Em outras questões, durante a guerra, ele estava longe de ser preguiçoso. Mergulhou mais e mais no microgerenciamento militar, o que foi catastrófico para a Alemanha.

De que forma seu conceito de "trabalhar para o führer" explica a liderança de Hitler?
"Trabalhar para o führer" era como se operava o gerenciamento: os subordinados antecipavam o patrão. Hitler representava ideias-chave que outras pessoas colocavam em prática. Estruturavam uma visão para o futuro, mas ao mesmo tempo delineavam políticas abaixo de Hitler, sem que ele precisasse dar muitas direções.

A ditadura nazista era instável?
Sim, mas esse debate perde o foco principal. Claro que havia diferentes grupos de poder, mas cada um tinha de operar de forma coincidente com as ideias representadas por Hitler. O determinante crucial desse regime era sua liderança. Sem isso, só haveria a competição de feudos.

Hitler era uma pessoa tediosa?
Ele era bastante repetitivo. Seus secretários e assistentes ouviram as mesmas histórias centenas de vezes. Por outro lado, o interesse que ele provocava nas pessoas ao redor vinha do poder que encarnava. Quando Hitler chegou ao governo, parecia que o céu era o limite, havia dinheiro para todos os projetos. Se você é arquiteto, construa seus edifícios monumentais. Se é engenheiro, projete uma via férrea até a Crimeia. Se é médico, agora pode fazer experiências em seres humanos. Projetos grandiosos se tornaram possíveis. Isso em relação a seu entourage. Para o povo, que o ouvia no rádio ou em seus comícios, ele era uma imagem. Num show de música pop, você não conhece o cantor, só vê o que ele representa. Era o caso de Hitler.

O führer se dizia guiado pela providência. Ele acreditava nisso?
Sim. Ele sentia ser alguém especial. Até o fim da Primeira Guerra, Hitler era um fracassado. Mais tarde, as circunstâncias mudaram. As pessoas passaram a vê-lo como alguém diferente, ele falava às pessoas comuns de uma maneira que outros não faziam. Com o passar do tempo, o ciclo se acelera: quanto mais ele obtém sucessos, mais tem a

adulação das massas, mais acha que é infalível, mais pensa que caminha com "a certeza instintiva de um sonâmbulo" – como afirmou em 1936. Hitler tinha essa combinação de um ideólogo idealista e firme com um brilhante propagandista, junto com um esperto homem de Estado que conhecia a fraqueza dos oponentes. Isso tudo junto fazia dele um tipo de líder muito perigoso, um caso patológico.

Pouco antes do fim da guerra, Hitler acreditava em virar o jogo?
Até muito perto do fim ele achou que haveria no último momento uma disputa entre os aliados, e não era o único a pensar nisso. Penso que somente muito tarde ele se deu conta de que tinha perdido. Por outro lado, Hitler teve momentos de absoluta lucidez e realismo na guerra. Ele reconhecia a realidade, não era um idiota. Nas últimas semanas do Terceiro Reich, por um lado, ele se agarrava às suas últimas chances; por outro, tinha consciência de que estava acabado e se preparou para uma saída heroica.

Estados Unidos, Japão e América do Sul entraram em seus planos?
Seu grande objetivo era destruir o bolchevismo judeu baseado na União Soviética. Em relação aos Estados Unidos, em seu chamado *Segundo Livro*, escrito em 1928 e nunca publicado em vida, ele fala bem mais do tema do que em *Minha Luta* [sua primeira obra]. Nos anos 1930, a América se tornou um problema real. Se ela entra na guerra, os alemães não têm como combatê-la. Mas ele não levou a América do Sul em consideração. Em 1941, Roosevelt produziu um mapa da América Latina com planos de invasão alemã, mas eles eram falsos.

O genocídio foi decidido entre 1941 e 1942. Como isso se deu?
O imperativo de remoção dos judeus estava lá desde o início, mas decidir como fazê-lo demorou, e as propostas foram alteradas ao longo do tempo. Quando a guerra começou, a Alemanha lidava não só com 500 mil judeus no país mas com outros 2,5 milhões na Polônia. A logística para resolver esse problema fracassou. O plano de

levá-los para Madagascar falhou no verão de 1940. Então surgiu a ideia da deportação para a Rússia. Logo que a guerra fosse vencida nesse front, os judeus do oeste europeu seriam deportados para lá. Mas a guerra não terminou. A improvisação desembocou nas câmeras de gás na Polônia.

Segundo o senhor, Hitler foi decisivo no desenvolvimento da política do genocídio, mas muitas das decisões foram tomadas sem ordens dele. Como funcionava esse mecanismo?
Existem registros sobre a Solução Final, mas não há documentos com "a" decisão de Hitler. Quase nunca houve relatos escritos, mas sabemos, por exemplo, que em dezembro de 1941 ele conversou privadamente com Heinrich Himmler [chefe da SS] sobre o assunto. Sabemos de um relatório que lhe foi enviado e que revela a morte de 350 mil judeus. É certo que ele tinha consciência de tudo, só não falava abertamente sobre isso. Mas ele foi central na política de extermínio. Sem Hitler, não haveria Holocausto.

Em 1943, Himmler disse que o Holocausto era "uma gloriosa página" da História alemã, "que nunca poderá ser escrita". Como era isso para Hitler?
Ele considerava os judeus uma ameaça cósmica. Não se tratava apenas de um problema da Alemanha, onde eles eram apenas 0,76% da população em 1933 e não estavam em posição de desafiar o poder. Para ele, os judeus estavam em Moscou à frente do bolchevismo, mas também dirigindo o capitalismo em Nova York e em Londres. Essa ameaça demandava uma solução apocalíptica. A questão é que Hitler e Himmler não sabiam qual seria a resposta da população alemã. Por isso o segredo.

O programa de extermínio de doentes mentais começou em 1939. De que forma ele se compara com a decisão sobre os judeus?
Hitler autorizou esse plano em cinco linhas escritas em folhas com seu cabeçalho pessoal. Não houve uma lei, apenas essas linhas autorizando seu próprio médico a dirigir esse programa. Foi algo

mantido em segredo, camuflado por arranjos para remover os doentes mentais para os hospícios onde seriam executados. Mas rumores começaram a circular e o programa foi cancelado. É provável que Hitler tenha aprendido uma lição: nada por escrito e segredo total. E obviamente há uma relação direta entre as técnicas de gás utilizadas na eutanásia e no extermínio dos judeus.

Qual a relação entre o antissemitismo da população em geral e o do Partido Nazista?
Havia na Alemanha um antissemitismo latente muito difundido. Muitas pessoas achavam que os judeus eram poderosos demais, controlavam a economia e a mídia de massa. Mas elas não eram propensas a se engajar em ações violentas contra os judeus. Hitler era o mais radical dos radicais em termos de antissemitismo. Com o tempo, mais e mais pessoas foram absorvidas pelo Partido Nazista, que era determinado por essa necessidade patológica de expulsar os judeus. Mais as pessoas aderiam ao partido, mais estavam expostas a isso. E assim o antissemitismo dos radicais do partido se estendeu à burocracia de Estado, sem ter penetrado da mesma maneira no povo em sua maioria.

Quais foram os limites da penetração ideológica nazista?
A propaganda foi bem-sucedida na criação do mito do führer como um grande líder carismático. Também foi importante para explorar o sentimento nacionalista dos alemães e na intensificação do ódio aos judeus. Mas, em outras áreas do dia a dia, a propaganda nazista não foi tão bem-sucedida. As pessoas se preocupavam mais com os problemas do cotidiano.

Uma das frases do senhor é constantemente citada: "A estrada para Auschwitz foi construída com ódio, mas pavimentada pela indiferença". Qual seu significado?
Quis dizer que a dinâmica das forças dirigentes que conduziram a Auschwitz foi provida por esse ódio patológico imbuído em Hitler.

Mas, para muitas das pessoas comuns, os problemas de todo dia predominavam. É uma atitude de fechar os olhos, virar as costas para o diabo. A dinâmica do ódio da minoria obteve sucesso porque a maioria não se importava.

O senhor já disse que, se vivesse na Alemanha nazista, poderia estar tão confuso como o povo na época.
Situações e circunstâncias mudam indivíduos. Pessoas que fizeram coisas horríveis na era nazista eram antes perfeitamente comuns. Claro, todos gostaríamos de pensar que seríamos antinazistas. Mas a verdade é que a maioria de nós iria transigir com o regime. Ao se ajustar, você é cada vez mais sugado, e talvez vá acabar no Exército ou em alguma organização, onde fará coisas que, no sentido moral, serão aberrantes.

Como é hoje a relação dos alemães com o führer?
A Alemanha, mais que qualquer outro país, deu grandes passos para encarar seu trágico passado. Se você comparar com o Japão, a Espanha, a Itália ou a própria França ocupada, foi ela quem mais fez esforços para tentar entender o que ocorreu. É hoje uma democracia muito sólida e um dos países menos nacionalistas da Europa. Os alemães mostraram que é possível aprender algo com a História. Nas escolas, nas universidades, a era do nazismo e do Holocausto está devidamente tratada. É algo admirável.

O AMOR NOS TEMPOS DE AUSCHWITZ

O polonês Israel Arbeiter passou cinco anos em poder dos alemães. Sobreviveu ao tifo e se fingiu de morto para não ser executado. Nos campos nazistas, perdeu a família – mas achou a mulher de sua vida

- ADRIANA MAXIMILIANO E BERNARDO WEAVER -

EDIÇÃO 40 · DEZEMBRO 2006

Dentro da fria lógica dos nazistas, que tatuavam números em seus prisioneiros, ele era o A18651. Ela era o A14016. Foi num campo de concentração – Starachowice, na Polônia – que Israel Arbeiter e Anna Balter iniciaram uma história de amor que dura até hoje. Ambos judeus e poloneses, eles se conheceram em 1940, enquanto realizavam trabalhos forçados para os alemães. Depois de contrair tifo e sobreviver a uma execução de prisioneiros, Arbeiter ficou escondido no alojamento onde estava sua família. Só não morreu de fome porque Anna, clandestinamente, enviava-lhe pequenas porções de pão.

Em 1942, Arbeiter foi separado da família e de Anna e levado para Auschwitz, também na Polônia. Em 1944, foi transferido para outro campo de concentração, na Alemanha. No ano seguinte, às vésperas da derrota dos nazistas, sobreviveu a uma das "marchas da morte" de Hitler, em que os prisioneiros eram obrigados a andar dias sem descanso ou comida. Fugiu, escondeu-se na floresta e foi achado por tropas aliadas. Ainda em 1945, Arbeiter partiu em busca de Anna. Roubou uma motocicleta, cruzou a Alemanha até o campo de refugiados em que ela estava e a pediu em casamento. Hoje, aos 81 anos, ele se orgulha de dizer que ela é sua "boneca" - usando uma das poucas palavras que sabe em português.

Comerciante aposentado, Arbeiter é presidente e fundador da Associação Americana dos Sobreviventes do Holocausto da Grande Boston. Ele e Anna moram nos Estados Unidos desde 1949, onde tiveram três filhos e três netos. E ainda exibem nos braços as tatuagens com os números. "Não as tiramos porque não queremos esquecer jamais o que passou", diz Arbeiter, que se esforça para transmitir às próximas gerações as piores lembranças de sua vida. "Daqui a dez, 20 anos, não haverá mais nenhum sobrevivente vivo. Não podemos deixar a história morrer com a gente."

Como era sua vida antes da guerra?
Nasci em 25 de abril de 1925, numa família de classe média da cidade de Plock, na Polônia. Meu pai era alfaiate. Minha mãe era dona de casa e cuidava de mim e dos meus quatro irmãos. Ainda era criança quando comecei a ouvir coisas ruins nas ruas, manifestações antissemitas, ofensas... Mas não me importava. De repente, quando a guerra irrompeu, ficamos proibidos de sair do país e da cidade. Até andar na rua passou a ser perigoso. Meu pai não queria abandonar tudo e seguir para um lugar desconhecido, correndo o risco de ser morto no caminho. Ele dizia que tínhamos que ficar tranquilos e continuar perto dos nossos amigos, da comunidade. Até que um dia, no meio da noite, os alemães invadiram nossa casa.

A partir daí, o que aconteceu?
Era inverno, fevereiro de 1940. Eu tinha 14 anos. Acordei com os alemães dentro de casa, avisando que tínhamos cinco minutos para pegar o que quiséssemos e ir para a rua. Fomos levados para um gueto em outra parte da cidade, onde estavam todos os outros judeus de Plock. Era um lugar cheio de casas pobres. Vi meus pais, tios e nossos amigos perderem tudo, inclusive as esperanças, até que um trem de carga levou todo mundo para o campo de trabalho forçado de Starachowice, no leste da Polônia. Lá eu comecei a trabalhar como ajudante dos soldados alemães. Todos os dias, às 7 da manhã, engraxava as botas que eles deixavam fora do alojamento. Depois, eu faxinava e carregava lenha. Também capinava e fazia serviços de manutenção. Eu odiava. Era um garoto de classe média e odiava trabalhar para os algozes do meu povo. Mas não tinha escolha: se não fizesse, morria. A comida que eu recebia em troca do trabalho era um pouco de pão e sopa. Migalhas que mal davam para o meu sustento.

O que o senhor fazia quando não estava trabalhando?
No fim do dia, voltava para o alojamento e ficava com minha família. Todos viviam com muito medo. Foi em Starachowice, ainda em 1940, que conheci uma menina chamada Anna, nascida em 1926, na cidade polonesa de Lodz. Ela era ajudante na cozinha do alojamento alemão e faxineira. Enquanto ela limpava e eu consertava coisas, surgiu entre nós um laço importante.

O senhor esteve perto de morrer?
Depois de um tempo, virei escravo na fábrica de munição. Era muita humilhação, porque aquelas balas estavam servindo para levar adiante uma causa que defendia a morte do meu povo. Trabalhava tanto, tanto, que fiquei doente várias vezes. Quando contraí tifo, tive que ir para um alojamento separado, em quarentena. Lá, se um quarto ficava lotado, os nazistas matavam todos os doentes. Certo dia, o meu encheu. Éramos 68 pessoas. Os soldados vieram à noite

e atiraram. Mataram 67. Nenhum tiro me atingiu, mas eu me joguei no chão como se tivesse morrido. Quando mandaram outros judeus recolherem os corpos, pedi ajuda a eles. O chefe do grupo era um policial judeu, o capitão Abraham Wilczek. Esses homens, que tinham a função de policiais no campo de concentração, às vezes eram doces, às vezes eram bárbaros. Eu não sabia o que esperar. O capitão disse que não ia me entregar, mas me mandou de volta para o alojamento do tifo. Com o fio de voz que me sobrava, falei: "Deus me salvou uma vez. Não acredito que vá me salvar de novo. Os alemães vão me matar na próxima vez". Ele prometeu me ajudar, mas disse que naquele momento eu teria que ficar com os outros doentes para não contaminar os trabalhadores saudáveis.

E ele cumpriu a promessa?
Sim, me curei e ele me tirou do alojamento. Mas eu ainda não tinha forças para trabalhar, então não podia receber comida. Cada vez mais fraco, fiquei escondido no alojamento da minha família. Foi aí que Anna Balter me salvou. Ela começou a contrabandear alimentos: através da cerca em volta do meu alojamento, ela entregava pão para meus irmãos, que o levavam para mim. Graças a Anna eu me recuperei e voltei a trabalhar. Nessa época, continuar vivo era uma conquista. E tudo era tão triste que eu não acreditava que a situação poderia piorar tanto de um dia para outro.

Mas piorou muito...
Sim. O pior momento foi em 1942, quando os nazistas decidiram que a chamada "solução final para a questão dos judeus" era o assassinato em massa. Foi aí que eles resolveram separar minha família. Eu e meu irmão mais velho, Mack, por sermos mais fortes e aptos para o trabalho escravo, ficamos. No dia 26 de outubro, os alemães levaram meus pais, meus tios e meus irmãos mais novos para o campo de concentração de Treblinka. Mataram todos com cianureto numa câmara de gás. Eu fui separado do meu irmão e enviado para Auschwitz.

Como era o campo de Auschwitz?

Olha, se eu ficar dez horas falando, você ainda não vai ter ideia do que era aquele campo de concentração. A lógica daquela instituição é totalmente distinta de qualquer outra coisa vigente no mundo real. É como se fosse uma fábrica ou um banco que, em vez de emprestar dinheiro ou produzir coisas que melhorassem o mundo, apenas produzisse cadáveres. Mortes repetidas, em escala industrial, cujos sobreviventes só se explicam pela necessidade de escravos para manter em funcionamento o aparato nazista. As instalações incluíam cinco câmaras de gás que funcionavam sem parar, durante 24 horas, sete dias por semana. Os prisioneiros também morriam de fome e exaustão ou eram cremados vivos.

Quando o senhor percebeu que sua vida poderia mudar?

Eu continuei fabricando munição por mais dois anos, até que a fábrica começou a ser desativada. A invasão da Polônia pelos russos, no fim de 1944, marcou o início do fim do meu sofrimento. Os alemães queriam esconder de qualquer forma as marcas do que estavam fazendo com meu povo. Fecharam a fábrica e transferiram os judeus para a Alemanha em trens de transporte de gado. Fui para um campo de concentração na cidade de Tailfingen. Lá trabalhei num hangar, fazendo manutenção de aviões. Quando o campo foi bombardeado pelos americanos, em 1945, os alemães mandaram todos os judeus embora, mais uma vez tentando encobrir o massacre. Fomos levados para a chamada "marcha da morte", nas estradas em direção à Áustria.

Como foi o percurso?

Os soldados alemães nos mandaram andar até o sul do Tirol, na Áustria. Quem sobrevivesse teria que trabalhar como escravo numa mina de sal. Foram três dias e três noites sem água, sem comida, sem parar. Aqueles que caíam eram largados pelo caminho. De repente, veio um ataque aliado e os pelotões alemães que nos escoltavam fugiram. Eu e meus amigos corremos para o mato. Estávamos na Floresta Negra. Ficamos ali por mais alguns dias até que tropas aliadas apareceram e nos salvaram. Os franceses me deram comida, água e abrigo. Perguntei qual era a data e um dos soldados disse: 25 de abril de 1945. Meu aniversário de 20 anos!

E cinco dias depois, em 30 de abril, Hitler se suicidou...
Pois é, a sorte tinha mudado de lado. E a minha ainda ia melhorar muito nos dias seguintes. O exército aliado me mandou para um campo de refugiados de guerra no sul da Alemanha, perto de Stuttgart. Lá a grande maioria era de judeus. Quando nos apresentaram uma lista com as pessoas que estavam em outros campos, meu irmão ainda não aparecia. E eu não sabia o nome completo de Anna. Só tinha o número que os nazistas tatuaram em seu braço, A14016, e o primeiro nome. Descobri que ela estava em Bergen-Belsen, perto de Hannover. Eram mais de 1000 quilômetros de distância de Stuttgart. Resolvi, então, confiscar uma motocicleta de um alemão que estava passando perto do campo. Em dois dias de viagem, cheguei a Bergen-Belsen. Era maio de 1945. Fui lá para dizer: "Obrigado por salvar minha vida". Eu precisava falar para ela que aquela comida que passava pela grade todas as noites tinha me mantido vivo nos piores momentos.

O senhor estava apaixonado?
Eu não sabia se era paixão ou apenas gratidão. Quando a encontrei, a chamei para um passeio. Era maio, a primavera já começava a desabrochar, e o norte da Alemanha fica muito bonito nessa época. Anna disse que queria ir comigo, mas tinha um pequeno problema: no quarto dela havia apenas um par de sapatos, que ela e mais quatro meninas revezavam entre si. Como não era o dia de Anna usá-los, ela não poderia ir. Eu, que nunca fui de desistir fácil, chamei a menina que tinha direito aos preciosos calçados e lhe dei um dinheirinho para trocar de dia com Anna. Dito e feito. Passeamos de moto e fomos a uma loja de sapatos, onde lhe comprei um par. Alguns dias depois, convenci Anna a ficar no campo em que eu estava, onde as

condições de vida eram muito melhores. Meu irmão também tinha sido levado para lá. No dia 26 de agosto de 1946, pedi a mão de Anna em casamento e ela aceitou.

Quando o senhor decidiu emigrar?
Tudo que eu queria era sair da Alemanha. Em 1949, consegui vir para os Estados Unidos com garantia de emprego e de local para morar, pois tinha uma tia que morava em Boston. Assim como muitos brasileiros fazem hoje em dia e os primeiros colonos ingleses fizeram em 1630, vim para cá tentar uma vida nova.

No começo, a vida nos Estados Unidos foi difícil?
Depois do que eu passei, nada parecia difícil. Comecei a trabalhar numa fábrica de camisas, ganhando cerca de 140 dólares por mês. Era bastante dinheiro. E eu, que tinha trabalhado como escravo para os alemães assassinos, adorava receber pelo meu trabalho. Logo depois resolvi abrir o meu próprio negócio com meu irmão: uma alfaiataria chamada The Arbeiter Brothers. Em 1995, vendi a loja e hoje levo uma vida regrada com as minhas economias. Mas é o suficiente para comprar belos sapatos para Anna e visitar Israel de vez em quando, país que eu adoro e quero muito ver prosperar.

Até hoje questiona-se a postura da Igreja e do papa Pio XII em relação ao Holocausto na Segunda Guerra

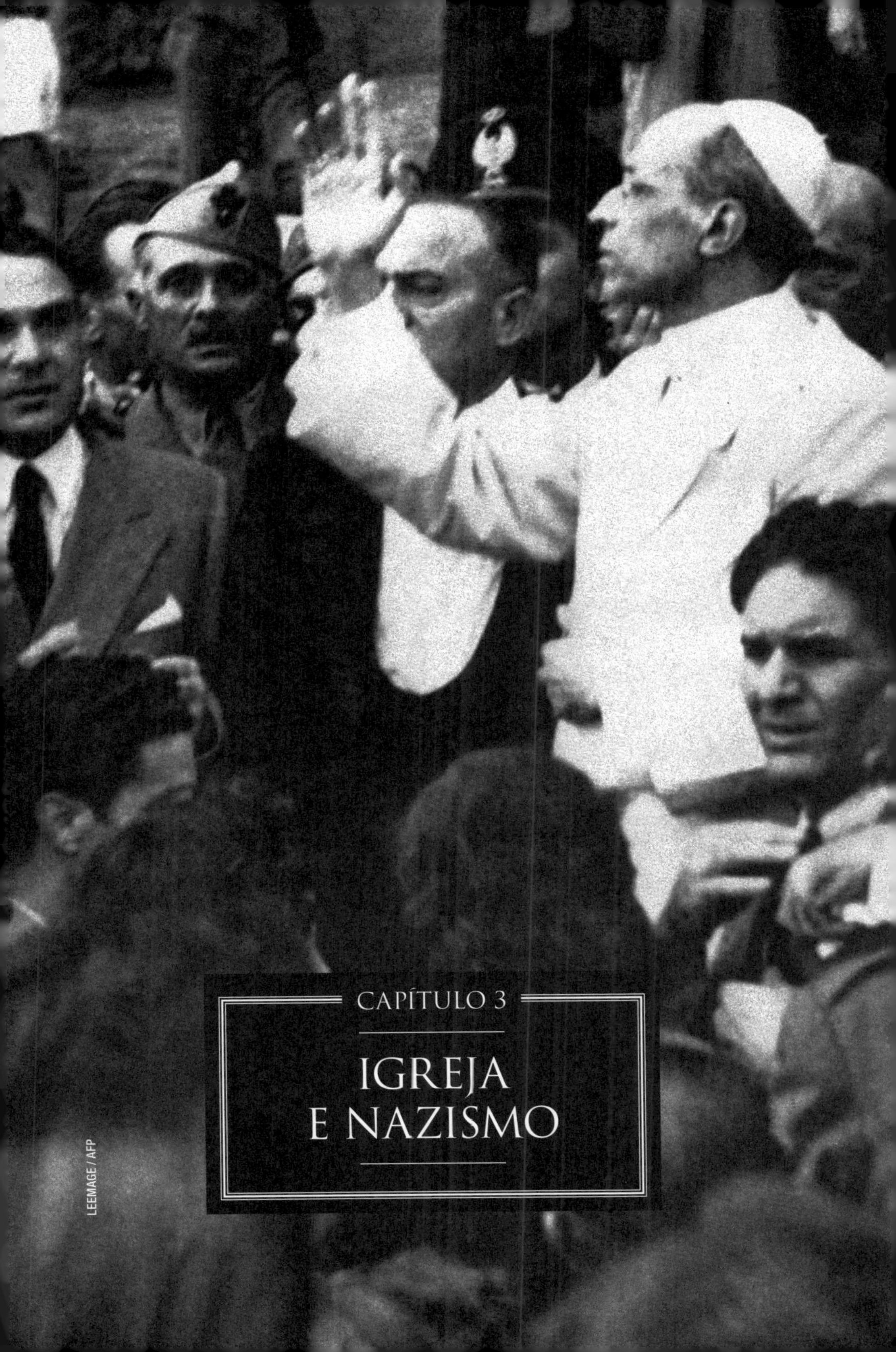

LEEMAGE / AFP

CAPÍTULO 3

IGREJA E NAZISMO

BENDITO OU MALDITO?

Pio XII foi eleito papa no mesmo ano em que a Segunda Guerra Mundial estourou: 1939. Até hoje não se chegou a uma conclusão sobre a postura do religioso durante o Holocausto. Afinal, a Igreja foi omissa? Uma reação firme teria evitado ou aumentado o número de inocentes mortos?

- EDUARDO SZKLARZ -

EDIÇÃO 67 · FEVEREIRO 2009

A reconciliação entre a Igreja e os judeus avançou mais nos últimos 40 anos do que em toda a História do cristianismo. Mas resta um grande obstáculo a superar: a campanha pela beatificação de Eugenio Maria Giuseppe Giovanni Pacelli, o papa Pio XII (1876-1958). Iniciada em 1965, a causa estava suspensa pelo Vaticano até outubro último, quando, durante a missa do aniversário de 50 anos da morte de seu antecessor, Joseph Ratzinger, o papa Bento XVI, argumentou pela retomada do caso. O problema é que líderes de organizações judaicas e famílias de sobreviventes do Holocausto acusam o sumo pontífice de omissão ante as atrocidades nazistas na Segunda Guerra Mundial, iniciada em setembro de 1939. Já o Vaticano assegura que Pio XII, que assumiu o papado há 70 anos, em março de 1939, atuou em silêncio para evitar o pior. Essa controvérsia causaria surpresa para muitos judeus que viveram durante o conflito. Albert Einstein (1879-1955), um refugiado do nazismo, e a primeira-ministra israelense Golda Meir (1898-1978), por exemplo, expressaram publicamente sua gratidão ao Santo Padre por salvar judeus do genocídio. A polêmica só ganhou força em 1963, com a peça de teatro *O Vigário*, do protestante alemão Rolf Hochhuth, hoje com 77 anos. Nela, Pacelli era retratado como um sujeito calculista e sem moral, que ignorou o sofrimento dos judeus em nome de interesses próprios. É uma obra de ficção, embora ancorada em ampla pesquisa do autor. Até que ponto ela teria algo de verdade?

Essa é a pergunta que ainda hoje instiga os historiadores. Nos últimos anos, mais de dez livros foram lançados, com diferentes interpretações sobre a conduta do pontífice antes e durante o regime nazista. Em geral, eles podem ser divididos entre os pró e os contra Pio XII. Uns o acusam de ser cúmplice do Holocausto, enquanto outros garantem que ele atuou nos bastidores para salvar quantas pessoas pôde. Mas, antes de conhecer os argumentos dos dois lados, é preciso entender a situação do Vaticano nos anos anteriores à Segunda Guerra.

IGREJA AMEAÇADA

O poder dos papas vinha naufragando desde a Revolução Francesa, em 1789. Na época, a razão começava a reinar sobre a fé, e os Estados modernos estavam dispostos a separar a religião da política. Durante o século 19, as propriedades da Igreja foram saqueadas e seus territórios viviam sob constante ameaça. Em 1809, o imperador francês Napoleão Bonaparte (1769-1821) chegou a sitiar o Vaticano e prender Pio VII (1742-1823). Na tentativa de diminuir o poder do catolicismo na França, ele manteve o pontífice confinado durante mais de quatro anos.

Napoleão foi derrotado em 1815, mas o processo de unificação da Itália botou as terras da Igreja novamente em risco. Em 1860, o rei piemontês Vitório Emanuel II (1820-1878) já controlava quase todos os domínios papais do centro da Itália. Nessa época, surgiram duas correntes dentro da Santa Sé. Uma delas insistia no poder papal absolutista: a outra queria repartir esse poder com Igrejas nacionais independentes de Roma. A primeira alternativa levou a melhor no Concílio Vaticano I. A Igreja proclama, em texto de 1870, o dogma do papa incontestável e infalível. Os líderes nacionalistas logo deram o troco. Na Alemanha, na Bélgica e na Suíça, ordens religiosas foram expulsas pelos governos locais e o ensino ficou nas mãos do Estado. Na Itália, manifestantes protestaram durante o cortejo fúnebre de Pio IX (1792-1878) e só não jogaram o caixão no rio Tibre porque os seguranças agiram rápido e salvaram o cadáver do papa.

DIPLOMATA CENTRALIZADOR

Diante da crise, os novos líderes da Igreja tinham agora um duplo desafio: defender a integridade da instituição e recuperar o poder político entre os donos da Europa. Para isso, a Santa Sé investiu pesado na formação de diplomatas — entre eles Eugenio Pacelli, um romano nascido em 1876 numa família de juristas a serviço do Vaticano. Ele ajudou a reformular a legislação católica, a fim de conceder aos pontífices uma autoridade indiscutível. Em 1917, essas leis foram compiladas no Código de Direito Canônico.

PARTIDOS FECHADOS

O outro trunfo de Pacelli era um doutorado sobre as concordatas, nome dado aos tratados que a Santa Sé usava (e continua usando) para regular suas relações com os Estados — por exemplo, para garantir o direito da Igreja de controlar escolas religiosas ou celebrar casamentos. Em novembro último, o Brasil assinou um acordo desse tipo com o Vaticano, que gerou críticas de entidades contrárias ao ensino religioso em escolas públicas e a outros privilégios de caráter não laico.

Durante décadas, o conteúdo desses tratados (em geral assinados pelo papa com os soberanos, ou por cardeais-secretários de

Estado com embaixadores autorizados) tinha variado de acordo com o país. "Com o código de 1917, porém, a concordata virou um instrumento que impunha condições a bispos, padres e fiéis, sem consultas e em qualquer lugar do mundo", diz o jornalista britânico John Cornwell, autor de *O Papa de Hitler – A História Secreta de Pio XII.*

Foi uma dessas concordatas que o papa Pio XI (1857-1939) assinou em 1929, com o ditador italiano Benito Mussolini (1883-1945): o Tratado de Latrão. Elaborado pelo irmão mais velho de Pacelli, Francesco, o documento reconhecia o Vaticano como Estado soberano e o catolicismo como a única religião da Itália. Em troca, fechava o Partido Popular Católico. Por quê? Simples: o Vaticano queria os fiéis fora da política para não prejudicar sua hierarquia e influência.

Muito antes de se tornar líder máximo dos católicos, Pacelli estava convencido de que a Igreja só permaneceria unida no mundo moderno com o fortalecimento da autoridade dos papas. Na década de 1920, quando era embaixador do Vaticano na Baviera, ele tinha assinado esses acordos com a Rússia, a Letônia e a Polônia. Em 1933, já secretário de Estado do Vaticano, ele via no Tratado de Latrão o modelo perfeito para seu maior objetivo: uma concordata com a Alemanha, onde viviam cerca de 23 milhões de católicos.

O único problema era o chanceler Adolf Hitler (1889-1945). "Pacelli e Hitler nutriam um desprezo mútuo. Cada um se sentia ameaçado pelo potencial do outro de exercer poder mundialmente", escreve o jornalista americano Dan Kurzman no livro *Conspiração contra o Vaticano*. "Apesar da desconfiança, os dois viram vantagens — pelo menos temporárias — em frear o conflito com a assinatura de uma concordata em 1933." O acordo tornou todos os alemães sujeitos às leis canônicas e acabou com o Partido do Centro Católico, a única agremiação democrática que ainda restava no país.

Até aqui, não há grandes dúvidas a respeito do religioso. Os historiadores começam a se dividir a partir do momento em que o cardeal se tornou papa, em 1939. Afinal, ele foi omisso ou discreto durante o Holocausto?

CONTRA PIO XII

Para Cornwell, o italiano não foi apenas omisso; ele ajudou o führer: "Como disse Hitler, numa reunião ministerial de 14 de julho de 1933, a garantia de não intervenção de Pacelli deixava o regime livre para resolver a questão judaica". Isso não significa que Pacelli simpatizasse com o Partido Nazista. Ao contrário: não apoiava sua plataforma racista e via nele uma ameaça à religião. "Mas o temor ao nazismo era ofuscado por um medo ainda maior de Pacelli, o comunismo", diz o historiador Michael Phayer, da Universidade de Marquette, nos Estados Unidos. Foi com essa mesma lógica antimarxista que a Igreja apoiou ditadores como Benito Mussolini, na Itália, e Francisco Franco (1892-1975), na Espanha. Valia tudo para conter o "perigo vermelho". Até mesmo fazer um pacto com o diabo.

Mas o ponto é: Pio XII ficou mesmo em silêncio durante o Holocausto? Nem tanto. O papa falou, sim, mas poucas vezes e de forma ambígua. Nos discursos de Natal que fez em 1941 e 1942, por exemplo, condenou a violência, sem mencionar "nazistas" nem "judeus". No discurso de 1942, o mais importante, quando as atividades dos campos de concentração estavam no auge, ele afirmou: "A humanidade deve esse voto às centenas de milhares de pessoas que, sem qualquer culpa pessoal, às vezes apenas por motivo de sua nacionalidade ou raça, estão marcadas para a morte ou extinção gradativa". Foi o ponto máximo de seu protesto diante das atrocidades de um regime que, ao fim da guerra, teria matado cerca de 6 milhões de judeus.

A historiadora Susan Zucotti, da Universidade Colúmbia, nos Estados Unidos, não tem dúvida: se Pio XII tivesse sido mais incisivo, teria ajudado a salvar muitas vítimas. No livro *Under His Very Windows: The Vatican and the Holocaust in Italy* (Sob Suas Próprias Janelas: O Vaticano e o Holocausto na Itália, sem edição no Brasil), ela lembra que os croatas fascistas eram muito devotos e, por isso, suscetíveis a acatar pedidos feitos pelo papa. "Como as autoridades da Igreja deixaram os católicos em ambiguidade moral ao não falar, a grande maioria deles se manteve como espectadora", afirma o historiador Michael Phayer em seu livro *The Catholic Church and the Holocaust* (A Igreja Católica e o Holocausto, sem edição disponível no Brasil).

É certo que muitos católicos arriscaram a vida para esconder os judeus em suas casas, igrejas e escolas. No entanto, para Zucotti e Phayer, eles prestaram essa ajuda apesar do papa, e não por causa do que ele disse ou fez. "Pio XII fez relativamente pouco pelos judeus, quando eles necessitavam, e os católicos fizeram muito mais", diz Phayer. Os críticos do sumo pontífice também questionam por que ele nunca excomungou Hitler, Heinrich Himmler (1900-1945) e outros chefes nazistas, que eram católicos batizados. Essa simples ação, argumentam, teria tido um importante efeito sobre fiéis — algo de que os defensores de Pio XII duvidam.

Mais espinhoso que acusar o papa de omisso é considerá-lo antissemita. É o que faz o jornalista e escritor John Cornwell, que cita uma carta escrita por Pacelli na época em que ele era embaixador do Vaticano em Munique. Ao relatar seu espanto com uma manifestação de bolcheviques na cidade, ele se referiu ao líder do grupo, Max Levien (1885-1937), como "russo e judeu; pálido, sujo, olhos de drogado, vulgar, repulsivo". Na carta, ele também diz que a namorada de Levien era "judia" e que integrava "um bando de mulheres de aparência duvidosa, judias, como todos ali". Pode ser coincidência, mas essa referência ao fato de serem judeus, em meio a descrições de repulsa física, é um velho clichê antissemita.

O historiador americano Daniel J. Goldhagen, autor do livro *Uma Dívida Moral*, vai além. Ele acusa a Igreja Católica de ser a maior responsável pelo racismo que desembocou no Holocausto. Para Goldhagen, a Igreja abrigou durante milênios o antissemitismo como parte integral de sua doutrina.

A FAVOR DE PIO XII

O principal argumento em defesa do papa é simples: se ele tivesse se posicionado com mais vigor, haveria retaliação. E alguns dos especialistas que dizem isso são judeus. "Uma condenação pública mais forte teria provocado represálias nazistas contra o clero católico na Alemanha e nos países ocupados. Também colocaria em risco a vida dos milhares de judeus escondidos no Vaticano, em igrejas e conventos da Itália, além dos católicos que os protegiam", diz o rabino e historiador americano David Dalin, autor do livro *The Myth of Hitler's Pope* (O Mito do Papa de Hitler, sem tradução).

De acordo com o rabino, Pio XII pediu às igrejas italianas que abrigassem judeus quando as tropas alemãs ocuparam Roma, em 1943, e assim evitou que milhares deles fossem deportados a Auschwitz. "Na cidade, 155 conventos e mosteiros abrigaram cerca de 5 mil judeus durante a ocupação alemã. E outros 3 mil se refugiaram em Castel Gandolfo, a residência de verão do papa", afirma. Dalin rejeita a ideia de que Pio XII era antissemita: pelo contrário, ele o indicou ao título de "Justo entre as Nações", utilizado em Israel para descrever não judeus que arriscaram suas vidas durante o Holocausto para salvar vidas. Afinal, Pio XII tinha motivos para temer por sua própria vida: Hitler planejava invadir o Vaticano e sequestrá-lo.

Outro defensor de Pio XII é o historiador e diplomata israelense Pinchas Lapide, ex-cônsul de Israel em Milão. Em sua obra *Three Popes and the Jews* (Três Papas e os Judeus, sem versão no Brasil), Lapide conclui que o líder religioso "foi instrumental para salvar pelo menos 700 mil judeus, e provavelmente 860 mil, da morte certa na mão dos nazistas". Uma cifra exagerada, segundo os críticos. Seja como for, Lapide justifica a tese de "maior protesto, maior retaliação" citando o exemplo da Holanda, país onde os bispos católicos mais resistiram às perseguições nazistas. Em cada igreja, eles leram uma carta denunciando o "tratamento sem misericórdia aos judeus". O resultado? "Enquanto os bispos protestavam, mais judeus, cerca de 110 mil, ou 79% do total, eram deportados aos campos de extermínio", diz o historiador.

Os partidários do papa também argumentam que seu silêncio é uma falácia. Garantem que seus discursos de Natal foram entendidos como uma clara denúncia do extermínio judeu. E citam como prova os editoriais que o jornal norte-americano *The New York Times* (hoje crítico do pontífice) escreveu na época. "A voz de Pio XII é a única no silêncio e na escuridão envolvendo a Europa neste Natal", afirmava um texto, em edição de 1941. A homilia de 1942 teria deixado os nazistas furiosos, afirma o historiador irlandês Eamon Duffy, autor de *Santos e Pecadores — História dos Papas*. "A Alemanha considerou que o papa tinha abandonado qualquer pretensão de neutralidade", diz.

Tem mais. Para o escritor americano Kenneth D. Whitehead, é ingênuo pensar que o maior protesto de Pio XII levaria os católicos a se opor aos nazistas, como se os fiéis seguissem automaticamente suas recomendações — o que não ocorre nem com a proibição à camisinha. "O fato é que a maioria dos católicos alemães, especialmente no início, viu em Hitler o salvador de seu país, em meio à crise pela derrota na Primeira Guerra. Os nazistas chegaram ao poder de forma totalmente legal. Só depois impuseram um regime totalitário", diz Whitehead no artigo *The Pope Pius XII Controversy* (A Controvérsia do Papa Pio XII, inédito em português).

Em meio ao debate, o papa Bento XVI decidiu congelar novamente a campanha de beatificação de Pio XII e aguardar até que seja feita uma pesquisa mais conclusiva e esclarecedora sobre sua história. Enquanto isso, o sucessor do polêmico papa, João XXIII (1881-1963), já foi beatificado e a campanha por João Paulo II (1920-2005) corre a passos largos.

LÍDER INFALÍVEL

A abertura de arquivos do Vaticano sobre os anos do Holocausto seria o primeiro passo nesse estudo aprofundado sobre as ações de Pio XII durante a guerra, embora muitos considerem que mesmo isso não vá adiantar nada. "Se existisse um documento mostrando claramente o envolvimento de Pio XII em favor dos judeus, o Vaticano já o teria mostrado. E se algum outro revelasse que ele foi colaborador dos nazistas, com certeza, já teria sido removido", diz o jornalista Anshel Pfeffer, do diário israelense *Haaretz*.

Segundo ele, a polêmica em torno da beatificação de Pacelli vai além do debate sobre fatos históricos e da disputa entre o Vaticano e as organizações judaicas. Ela também reflete uma disputa interna católica que vem desde o século 19: a briga entre os que defendem o poder papal infalível e os que o rejeitam. "As atitudes de Pio na guerra não são o principal argumento dentro do Vaticano para torná-lo santo. Os que o defendem preservam sua imagem de último líder católico conservador do século. Sua adoração é central para os que creem na versão mais extrema da infalibilidade papal", diz Pfeffer.

No fim das contas, quem sabe o papa seja bem menos do que falam sobre ele — para o bem ou para o mal. Talvez seu grande problema tenha sido a obrigação de exercer, ao mesmo tempo, o papel de líder político e de chefe religioso numa época difícil, tendo que conjugar seu dever moral com os interesses de um Estado. Talvez ele tenha sido apenas uma pessoa ambígua, num período ainda mais ambíguo. Ou, quem sabe, o embaixador do Vaticano que virou Vigário de Cristo jogou com as regras da diplomacia enquanto esperava com paciência pelo fim da guerra. A mesma paciência que, hoje, as pessoas precisam ter para saber quem realmente foi Eugenio Pacelli.

ENVIADOS ESPECIAIS

Hitler e Pio XII nunca se encontraram, mas usaram intermediários para negociar

Hitler e o cardeal Eugenio Pacelli (futuro papa Pio XII) foram os protagonistas da concordata de 1933, pela qual o Estado alemão e o Vaticano se reconheceram mutuamente. Mas outros personagens atuaram para facilitar o diálogo. Conheça alguns deles.

PIETRO GASPARRI: esteve à frente da elaboração do Código Canônico e foi quem negociou com Benito Mussolini o Tratado de Latrão, na gestão do papa Pio IX. Em 1901, o monsenhor convidou Eugenio Pacelli (na época, um jovem padre) para trabalhar com ele na Secretaria de Estado do Vaticano. Nos 30 anos seguintes, Gasparri e Pacelli formaram uma parceria que arquitetou a política de concordatas e moldou o crescimento do poder papal ao longo do século 20.

LUDWIG KAAS: líder do Partido do Centro Católico alemão, era padre e íntimo colaborador de Pacelli. Em suas viagens constantes entre Berlim e Roma, foi uma peça-chave na negociação da concordata de 1933 — que extinguiu seu próprio partido para que o papa assumisse maior controle sobre os católicos na Alemanha. Também teria atuado em uma frustrada tentativa de aproximação com membros das Forças Armadas alemãs que buscavam uma negociação de paz, à revelia de Hitler.

FRANZ VON PAPEN: ultradireitista, de inclinações monarquistas, teve atuação importante na dissolução da República de Weimar. Foi chanceler alemão em 1932 e vice-chanceler após a subida de Hitler, para o que contribuiu diretamente. Manteve uma relação dúbia com o nazismo e foi quem assinou a concordata com Pacelli, na Secretaria de Estado do Vaticano, em julho de 1933.

ERNST VON WEIZSACKER: embaixador alemão no Vaticano, recebeu de Hitler a missão de encorajar Pacelli a manter a imparcialidade da Santa Sé durante a guerra. Comunicou ao papa que seu governo respeitaria a integridade do Vaticano e suas propriedades em Roma. A condição: ficar calado sobre as perseguições nazistas. Mas ameaçou instituições católicas suspeitas de abrigar judeus e socialistas.

VATICANO NA LINHA DE FRENTE

Enquanto os EUA bombardeiam Roma, nazistas tentam raptar o papa

Em 9 de julho de 1943, Pio XII não teve dúvidas ao ouvir os estrondos que ecoavam em Roma: ele estava encurralado no meio da guerra. Apesar de seu esforço para que a capital italiana fosse declarada cidade aberta, aviões americanos bombardearam a cidade. O ataque precipitou a queda do ditador Benito Mussolini, que foi deposto duas semanas depois pelo rei Vitório Emanuel III e um grupo fascista rival. A situação piorou em setembro, quando os alemães ocuparam a Cidade Eterna e colocaram os judeus na mira. Eugenio Pacelli se viu num dilema: se protestasse contra a invasão, poderia sofrer uma represália violenta contra o Vaticano. Os alemães temiam que uma crítica do papa gerasse uma reação em cadeia na população italiana, o que colocaria em risco a ocupação.

Mas Pio XII sabia que sua própria vida estava em risco, pois os nazistas planejavam sequestrá-lo. A advertência tinha sido feita pelo embaixador alemão na Santa Sé, Ernst von Weizsacker. "Os nazistas deram duas opções a Pio XII: selar os lábios ou o seu destino", escreve o jornalista americano Dan Kurzman no livro *Conspiração contra o Vaticano*. Hitler tinha encomendado o sequestro ao general Karl Wolff, chefe das SS na Itália. A missão era invadir o Vaticano, raptar o papa e levá-lo à Alemanha ou ao território neutro de Liechtenstein. Mas Wolff titubeou. "Até então, ele havia atendido a qualquer ordem do führer.

Mas sequestrar o papa era uma loucura. Poderia colocar toda a Itália e a Igreja contra a Alemanha", diz Kurzman. Wolff temia ser enforcado, se os aliados vencessem a guerra, e decidiu sabotar o plano de Hitler esperando se salvar com o apoio do papa. Deu certo. Pio XII também adotou dupla postura. Permitiu que judeus fossem abrigados em igrejas, mas nunca abriu a boca contra a ocupação, nem quando viu de suas próprias janelas milhares de judeus sendo amontoados em caminhões e deportados de trem rumo a Auschwitz.

ROTA DE FUGA

Ninguém sabe ao certo até que ponto Pio XII protegeu os judeus. Mas já não há dúvida de que ele ajudou nazistas católicos a escapar da Europa para Buenos Aires, na Argentina. A rota de fuga foi armada, logo após a Segunda Guerra, pelo Vaticano, a Igreja Católica argentina e o governo de Juan Domingo Perón (1895-1974). É o que afirma o jornalista argentino Uki Goñi, que rastreou o plano em arquivos da inteligência americana, da Cruz Vermelha e de países europeus. "Documentos que encontrei no Escritório de Registro Público de Londres demonstram que o papa sabia da fuga e intercedeu para evitar que alguns criminosos croatas chegassem à Justiça", diz Uki, que conta essa história no livro *A Verdadeira Odessa*.

A rede funcionava basicamente assim: o Vaticano pagava as passagens e dava passaportes com pseudônimos aos criminosos de guerra, e Perón lhes garantia o visto para entrar na Argentina. A Cruz Vermelha fornecia os passaportes. Os Estados Unidos e a Inglaterra não se intrometiam, mas as autoridades suíças foram além. Permitiram o trânsito ilegal dos nazistas por dentro de seu território. Foi graças a esse plano que Adolf Eichmann (1906-1962), Josef Mengele (1911-1979), Erich Priebke e outros genocidas encontraram um porto seguro na América do Sul. Eichmann só foi preso em 1960, em Buenos Aires (e enforcado depois pelo governo de Israel). Priebke foi localizado em 1991 no mesmo país (e condenado por tribunal italiano à prisão domiciliar). E Mengele morreu afogado em 1979, sob nome falso, no Brasil.

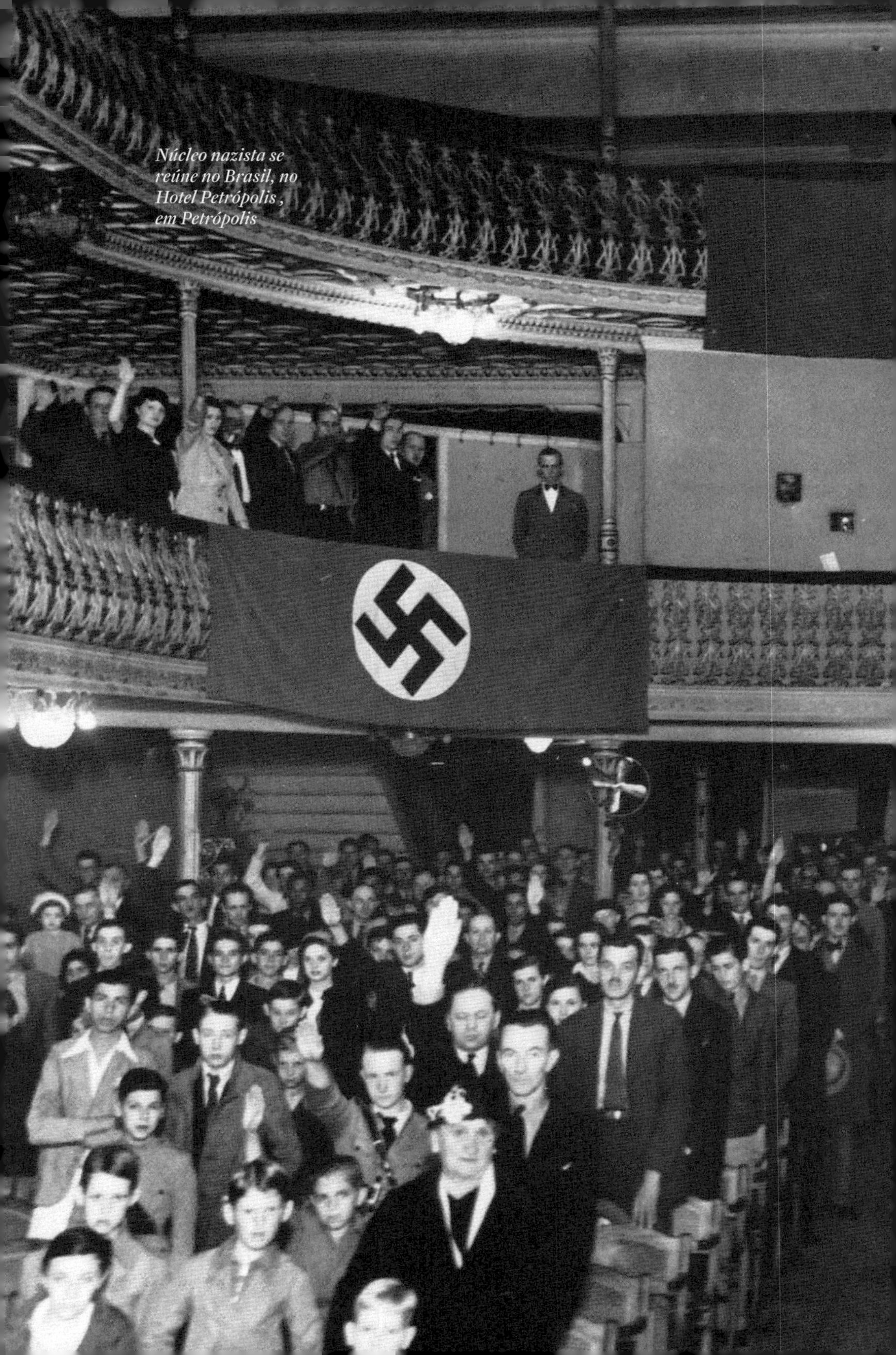

Núcleo nazista se reúne no Brasil, no Hotel Petrópolis , em Petrópolis

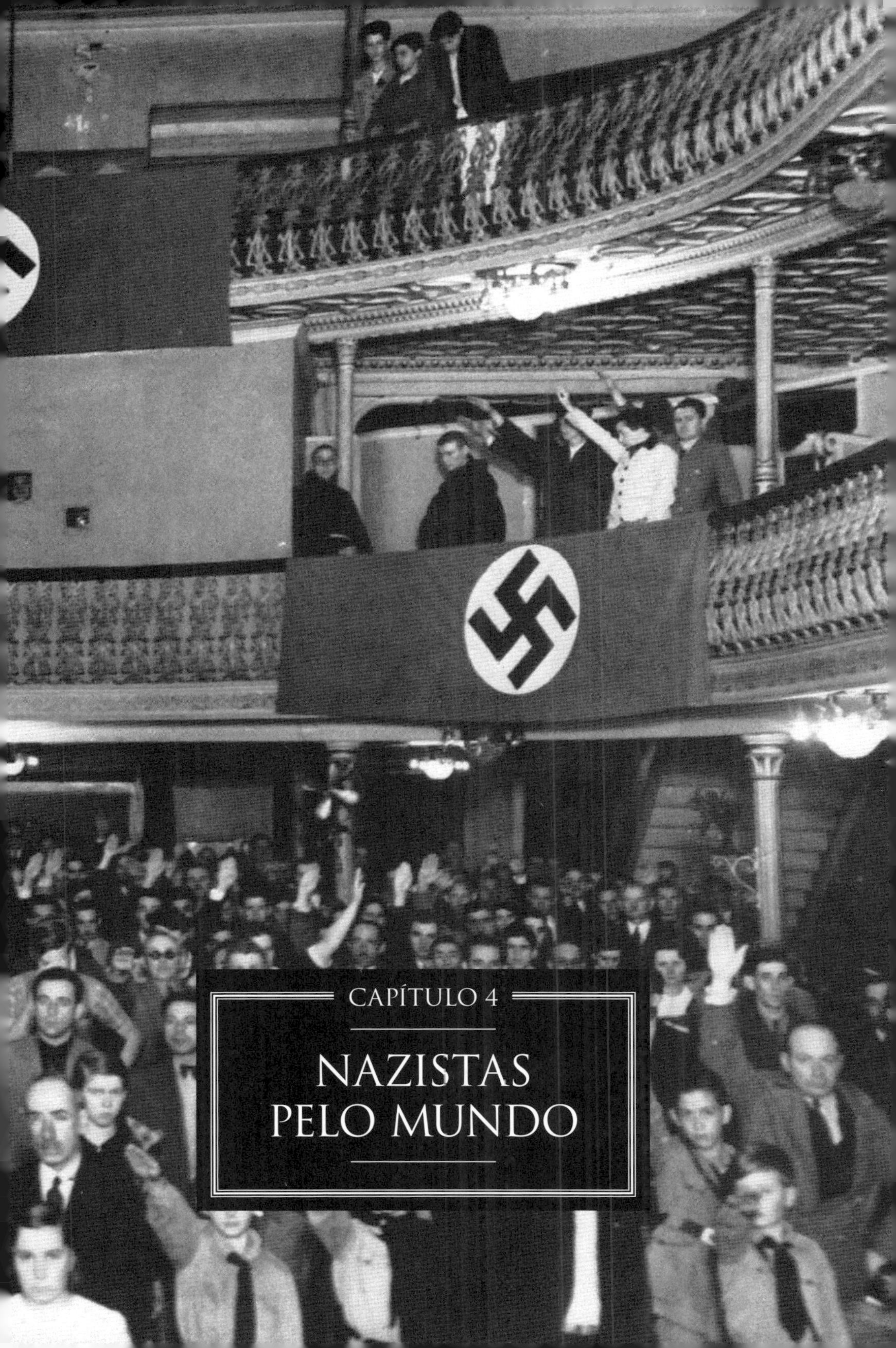

CAPÍTULO 4

NAZISTAS PELO MUNDO

FELIZES PARA SEMPRE

Como carrascos nazistas, acusados e condenados por alguns dos mais terríveis crimes contra a humanidade, conseguiram escapar da Justiça e viver em liberdade após o fim da guerra, em 1945

- CELSO MIRANDA E GIOVANA SANCHEZ -

EDIÇÃO 46 · JUNHO 2007

Assim que a Segunda Guerra acabou na Europa, em junho de 1945, a derrotada Alemanha foi dividida em quatro zonas, controladas pelos três grandes vencedores - americanos, soviéticos e britânicos - e pelos franceses. Cerca de 1,5 milhão de ex-combatentes alemães voltavam a seu país, vindos de locais como França, Itália e Polônia. Por todo o continente, havia ainda 2,5 milhões de prisioneiros: soldados, oficiais, políticos e colaboradores nazistas, entre os quais estavam responsáveis por um conflito que causou pelo menos 40 milhões de mortes e pelo extermínio de cerca de 6 milhões de judeus, 2 milhões de eslavos e outros 200 mil civis (como ciganos e testemunhas de Jeová).

Quando cessaram os tiros, um objetivo dominou os vencedores: punir os perdedores. "A punição de criminosos de guerra não se trata de vingança", afirmou o historiador britânico Eric Hobsbawm no livro *Era dos Extremos*. "Trata-se de trazer de volta a ordem e a normalidade, restabelecendo a confiança dos povos nos organismos legalmente constituídos." Segundo Hobsbawm, esse processo de "desnazificação da Europa" não pretendia condenar milhares, mas "punir aqueles que servissem de exemplo".

Logo se percebeu que separar quem era culpado de quem era muito culpado seria um desafio enorme. Cerca de 40 mil funcionários públicos norte-americanos, franceses e britânicos foram convocados: um exército de escrivães, advogados e juízes. Só na zona norte-americana, foram instauradas 545 cortes civis para analisar 900 mil casos.

Menos de seis meses depois da queda de Hitler, os vitoriosos já estavam prontos para acusar e julgar os maiores culpados. Entre 20 de novembro de 1945 e 1º de outubro do ano seguinte, o Tribunal Militar Internacional de Nuremberg decretou 11 condenações à morte, três prisões perpétuas, duas sentenças de 20 anos de prisão, uma de 15 e outra de dez anos. Três acusados foram absolvidos. E pronto. Nos dois anos que se seguiram ao julgamento, 1 milhão de alemães deixaram o país legalmente. Estima-se que outros 100 mil o fizeram de forma ilegal. Entre eles estavam criminosos, carrascos e assassinos. Muitos ficaram impunes para sempre. Quem? Como? Você vai ver a seguir.

FUGA EM MASSA

Já era noite de 26 de junho de 1945 quando uma patrulha do Exército norte-americano avistou um homem andando numa estrada de terra entre Stuttgart e Ulm, no sul da Alemanha. Detido e interrogado, disse ser Adolf Barth, cabo da Força Aérea alemã. Foi preso. Nos meses seguintes, foi transferido de campo seis vezes e, em cada um deles, apresentou-se com um nome diferente. No início de 1946, conseguiu escapar, atravessou o país e se estabeleceu na zona rural de Eversen, onde viveu isolado. Seu verdadeiro nome era Adolf Eichmann. Ex-coronel da tropa de elite SS e chefe da Gestapo (a polícia secreta de Hitler), ele foi um dos mentores da "solução final", a operação que pretendia exterminar os judeus da Europa.

Em 1950, quando as coisas esfriaram, Eichmann decidiu deixar a Alemanha e foi para a Itália. Lá, em 14 de junho, o consulado argentino em Gênova lhe concedeu visto de imigração em um passaporte com o nome de Ricardo Klement. Comprou uma passagem no navio Giovanna C e, um mês depois, desembarcou em Buenos Aires. Arrumou emprego e levou a família para lá. Sequestrado por espiões israelenses, foi levado a Telavive, onde foi condenado e executado em 1962.

O senso comum sugere que, antes do fim da guerra, líderes nazistas já tinham planos secretos para salvar a própria pele. Uma dessas rotas de fuga ficaria famosa com o livro *O Dossiê Odessa*, do britânico Frederick Forsyth. Apesar de ser um romance, baseou-se numa organização real chamada Odessa (sigla em alemão para "Organização de Ex-membros da SS"). Entretanto, pesquisas recentes mostram que esse tipo de iniciativa foi responsável por poucas fugas. "Governos nacionais e instituições completamente legais livraram a cara de muito mais nazistas que organizações secretas", diz Jorge Camarasa, historiador argentino, autor de *Odessa al Sur* (Odessa do Sul, inédito no Brasil).

A rota que Eichmann usou para deixar a Europa, por exemplo, era coordenada pelo bispo austríaco Alois Hudal, reitor de um seminário para padres alemães e austríacos em Roma. Nazista professo, ele foi nomeado pelo Vaticano para visitar os prisioneiros de guerra detidos na Itália. Segundo Camarasa, Hudal usou sua posição para dar fuga a criminosos nazistas procurados. No início, o bispo conseguia documentos falsos para que os prisioneiros fossem libertados e depois os ajudava a se esconder, geralmente no interior da Itália. Quando autoridades começaram a desconfiar do esquema, Hudal percebeu que precisava tirar seus protegidos da Europa. Recorreu a identificações falsas emitidas pela Comissão de Refugiados do Vaticano. "Esses papéis não serviam como passaportes, mas era com eles que os fugitivos adquiriam nova identidade e, assim, conseguiam auxílio junto à Cruz Vermelha, que, por sua vez, era usada para conseguir vistos", afirma o jornalista australiano Mark Aarons, coautor de *Unholy Trinity* (Trindade Profana, sem versão em português). "Em teoria, a Cruz Vermelha deveria checar os registros de quem solicitava vistos de saída, mas na prática a palavra de um padre ou, principalmente, de um bispo era suficiente."

A maior rota de fuga de nazistas, porém, foi criada por uma rede de padres liderada pelo bispo croata Krunoslav Draganovic. "A organização fixou seu quartel-general no Seminário de São Girolamo, em Roma. Inicialmente, seu foco era tirar dos territórios ocupados pelos soviéticos os membros do partido nazista croata", afirma Uki Goñi, historiador argentino, autor de *A Verdadeira Odessa*. "Com o tempo, a rota de Draganovic tornou-se a principal via de fuga dos criminosos nazistas, tirando mais de 5 mil deles da Europa."

AMÉRICA LATINA

Entre os picos nevados de Bariloche, nos Andes argentinos, um imigrante alemão levou uma vida pacata por quase 50 anos. Dono de uma confeitaria chamada Viena, don Erico morava com a mulher, Alice, no segundo e último andar de um prédio na praça Belgrano, alugando o primeiro pavimento para um orfanato. A dois quarteirões dali, um certo Juan Maler ergueu o hotel Campana, onde vivia, escrevendo livros de pregação nazista. Em 1994, a rede de TV americana ABC descobriu que Maler era Reinhard Kops, ex-capitão da SS. Desmascarado diante das câmeras, Kops dedurou: "Por que correm atrás de mim, se o pior dos nazistas da Argentina vive aqui ao lado?" Don Erico, o simpático confeiteiro, era Erich Priebke, ex-capitão da Gestapo e coautor de um massacre de 330 civis italianos em Roma, em 1944.

Acusar o vizinho deu certo para Kops, que se escondeu no Chile. Ele nunca foi julgado e, dois anos depois, retornou a Bariloche, onde publicou textos hitleristas até sua morte, em 2001. Já Priebke, após uma batalha judicial de 17 meses, foi extraditado para a Itália. Lá, foi condenado por homicídio múltiplo, mas escapou da prisão perpétua – seu crime prescrevera em 1974, 30 anos depois de ser cometido. Ele foi solto, mas a Justiça italiana anulou o julgamento. Hoje, Priebke está em prisão domiciliar em Roma. Não há data para um novo julgamento. Com 94 anos, ele é o prisioneiro mais velho da Europa.

Para o argentino Uki Goñi, interesses econômicos e pressão da Igreja Católica e das comunidades de imigrantes podem explicar por que a América Latina se tornou o destino predileto dos nazistas. "Meu país tem uma peculiaridade, por ter feito um esforço dirigido – ou iniciado – pelo presidente Juan Perón para trazer esses criminosos de guerra", afirma Goñi. As razões de Perón, segundo ele, incluíam gratidão (os nazistas o ajudaram entre 1943 e 1945) e simpatia pelos ideais fascistas.

O primeiro passo para contrabandear nazistas da Europa para a Argentina, de acordo com Goñi, foi dado em janeiro de 1946, quando Antonio Caggiano, bispo de Rosário, foi a Roma para ser ordenado cardeal. Lá, segundo arquivos diplomáticos argentinos, ele transmitiu ao cardeal francês Eugéne Tisserant a mensagem de que "o governo da República da Argentina está disposto a receber cidadãos franceses, cuja atitude política durante a recente guerra pode tê-los exposto a medidas cruéis e retaliações". Nos meses seguintes, entre 300 e 500 colaboracionistas franceses foram para a Argentina com passaportes fornecidos pela Cruz Vermelha em Roma.

Outro fator que engrossou o número de nazistas na América Latina foi o uso de criminosos de guerra como informantes e espiões na Guerra Fria (por britânicos e americanos de um lado e soviéticos de outro). Muitos deles foram salvos da prisão e encaminhados ao Cone Sul. Foi o caso de Klaus Barbie, ex-diretor da Gestapo, que ordenou, na França, a execução de civis e o envio de crianças para Auschwitz. Em 1947, ele se tornou agente do serviço secreto americano e, depois, acabou fugindo para a Bolívia. Descoberto em 1971, só foi deportado em 1983. Quatro anos depois, foi condenado na França pela morte de 177 pessoas. Morreu de leucemia em 1991, numa prisão de Lyon.

PORTO SEGURO

No Brasil, a presença de criminosos nazistas também foi grande. O caso mais famoso foi o do médico Josef Mengele, que usava humanos como cobaias de suas experiências macabras em Auschwitz (ele morreu impune, afogado após uma bebedeira em Bertioga, no litoral paulista, em 1979). O envolvimento das autoridades brasileiras na entrada de criminosos de guerra é um assunto polêmico. Mas chovem indícios de que os nazistas contaram com boa vontade para entrar no país.

Nos mais de 20 mil documentos dos arquivos da antiga Delegacia de Ordem Política e Social (Deops) liberados pelo governo federal em 1997, há cartas trocadas entre as representações brasileiras em Roma e Berlim que mostram como nossa diplomacia fechou os olhos para o passado nazista de empresários, engenheiros e ex-militares – que eram encorajados a declarar falsos nomes e profissões ao vir para cá.

Especialistas levantam a hipótese de que o próprio presidente Eurico Gaspar Dutra, que assumiu em 1946, sabia do que se passava. Para Marionilde Brephol Magalhães, historiadora da Universidade Federal do Paraná e autora de *Pangermanismo e Nazismo – A Trajetória Alemã Rumo ao Brasil*, além da simpatia que setores do governo e do meio militar tinham pelos nazistas, Dutra acreditava que técnicos e cientistas alemães poderiam ajudar na industrialização do país.

Um problema ainda maior que a falta de controle na entrada teria sido a falta de disposição para prender e extraditar os criminosos descobertos por aqui. A tolerância do governo brasileiro logo ficou conhecida e intensificou a vinda de nazistas. Alguns nem se deram ao trabalho de mudar de nome, como Franz Stangl. Comandante dos campos de extermínio de Sobibor e Treblinka, na Polônia, ele chegou a ser preso na Áustria em 1945, mas conseguiu escapar para a Síria, onde reuniu-se à esposa e aos filhos. Segundo registros da Deops, desembarcou no Brasil em 1951 e, tempos depois, conseguiu emprego numa fábrica da Volkswagen, em São Paulo.

Stangl só foi preso em 1967, após denúncia do "caçador de nazistas" Simon Wiesenthal. Levado para a então Alemanha Ocidental, foi julgado pela morte de 900 mil pessoas – fato que admitiu à jornalista de origem húngara Gitta Sereny, em depoimento publicado no livro *Into the Darkness* (Nas Trevas, inédito no Brasil). "Minha consciência está limpa. Eu só estava fazendo meu dever", disse. Condenado à prisão perpétua em outubro de 1970, Stangl morreu de ataque do coração oito meses depois, numa prisão de Düsseldorf.

Outro que ostentou o próprio nome no Brasil foi o austríaco Gustav Wagner, um dos responsáveis pelo campo de extermínio de Sobibor. Enquanto era condenado à morte pelo Tribunal de Nuremberg, o fugitivo Wagner trabalhava como operário em Graz, na Áustria. Ali encontrou o ex-colega Stangl e com ele escapou para a Síria. Chegou a São Paulo com passaporte suíço em 12 de abril de 1950 e foi morar em um sítio em Atibaia, São Paulo, onde fez um chalé no estilo da Bavária. Chamado de "seu Gustavo" pelos vizinhos, foi detido em maio de 1978, ao se apresentar na Deops para desmentir uma reportagem em que era acusado de participar de uma festa em homenagem a Hitler.

Por sua idade avançada, Wagner foi transferido para uma clínica e depois mandado para casa. As autoridades brasileiras já haviam recusado pedidos de extradição feitos por Israel, Áustria e Polônia quando, em 18 de junho de 1979, a rede de TV britânica BBC levou ao ar uma entrevista com Wagner. "Eu não guardo nenhum sentimento daqueles dias (...). À noite, nós nunca discutíamos nosso trabalho, só bebíamos e jogávamos cartas", disse. Quatro dias depois, seu pedido de extradição para a Alemanha Ocidental também foi negado. Em outubro de 1980, Wagner foi achado morto com uma facada no peito. A polícia concluiu que ele se matou.

A lista não acaba aí. Acusado de participar da morte de 30 mil judeus em Riga, na Letônia, o capitão-aviador Herbert Cukurs fugiu para a França, onde obteve visto para vir ao Brasil em 1946. No Rio de Janeiro, ele trabalhou na Fábrica Brasileira de Aviões. Logo depois montou um negócio, alugando pedalinhos na praia de Icaraí, em Niterói. Em 1948, foi reconhecido. Sua casa foi pichada e seu nome saiu nos jornais, mas ele nunca foi preso. Na década de 1950, mudou-se com a família para Santos e depois para São Paulo. Em 1960, Cukurs tentou se naturalizar. Foi quando a polícia paulista tomou seu único depoimento, em 6 de junho. No dia 7, os policiais ouviram Frida Schmuskovits, sobrevivente dos campos de extermínio da Letônia. Sobre os massacres de judeus, ela relatou que "a matança era feita por ordem de Herbert Cukurs". Com a naturalização negada, Cukurs foi para Montevidéu em 1965, ao lado de um amigo que ele conhecera um ano antes e se apresentava como o austríaco Anton Kunzle. Dois dias após chegar ao Uruguai, Cukurs foi encontrado numa mala. Tinha marcas de tiros e a cabeça destruída a marteladas. Num comunicado à imprensa, um grupo autodenominado "Aqueles Que Não Esquecem" assumiu o assassinato.

ÚLTIMA CHANCE

Chovia pouco em Viena, na manhã de 16 de dezembro de 2005, quando alguns familiares viram o corpo de Heinrich Gross, morto na véspera, aos 91 anos, ser baixado ao túmulo. Psiquiatra e neurologista de renome, Gross ocupava, desde 1962, uma cadeira na Academia Austríaca de Ciência. Mas é outra parte de sua biografia que nos interessa. Entre 1940 e 1945, o doutor Gross dirigiu o programa nazista de pesquisas de eugenia baseado em Viena.

Em sua clínica, ele coordenou experimentos médicos e farmacológicos que vitimaram mais de 700 crianças. Após a guerra, Gross desapareceu. Ressurgiu seis anos depois, em Viena, como professor. Em 1956, foi nomeado perito da Justiça para avaliar criminosos com problemas mentais. Só em 1994 acadêmicos da Universidade de Viena perceberam que o simpático velhinho e o cruel cientista eram a mesma pessoa.

Apesar das tentativas de levar Gross aos tribunais, ele nunca foi preso – houve pouca movimentação por parte de promotores e juízes, com quem tantas vezes ele havia trabalhado. Em 2002, quando foi enfim convocado por uma corte vienense, Gross, aos 89 anos, mostrou-se senil e, segundo seu advogado, não conseguia entender o interrogatório. O médico foi declarado inapto para ser julgado e saiu pela porta da frente do prédio, caminhando com uma bengala. Viveu em paz até morrer.

Gross se enquadra num grupo de nazistas que nunca fugiu, mas desapareceu nos desvãos da burocracia. Há quem aceite o esquecimento. Não é o caso do Centro Simon Wiesenthal (CSW), que desde 1977 reúne informações sobre nazistas. "Genocídio e assassinato em massa nunca prescrevem", afirma o israelense Efraim Zuroff, diretor do CSW em Jerusalém. Segundo o último relatório da entidade, de 2006, 458 pessoas estão sendo investigadas por crimes de guerra e, de janeiro de 2001 a dezembro de 2006, 41 nazistas foram condenados no mundo. Segundo Zuroff, outros poderiam ir a julgamento se houvesse mais empenho dos países que os abrigam. "O mais difícil não é encontrar os criminosos, mas levá-los a julgamento."

O nome mais recente entrou na lista da CSW em julho de 2006. Num evento social, um sujeito não parava de se gabar de seu papel na deportação de judeus para Auschwitz. Um jovem anotou seu nome e procurou o CSW. "Descobrimos que era Sandor Kepiro, húngaro condenado pela morte de mais de 1 200 civis em janeiro de 1942, na cidade de Novi Sad, então parte da Hungria, atualmente na Sérvia", conta Zuroff. Aos 93 anos, Kepiro mora em Budapeste e aguarda a Justiça determinar se ele terá de cumprir a pena de 14 anos de prisão que recebeu em 1948.

Entre os nazistas ainda foragidos, o mais eminente é o médico austríaco Aribert Heim, que serviu em três campos de extermínio, Sachsenhausen, Buchenwald e Mauthausen, onde centenas de pessoas foram mortas com injeções de fenol no coração. "Heim foi preso pelos americanos na Bélgica em março de 1945, mas foi solto dois anos depois", diz Zuroff. Livre, Heim voltou à medicina e, em 1962, foi processado na Alemanha Ocidental. Enquanto aguardava julgamento, fugiu. Desde então, foi visto na Argentina, Egito, Uruguai e Espanha. Era dado como morto até que, três anos atrás, a polícia alemã descobriu uma conta bancária em nome de Heim com mais de 1 milhão de euros. O fato de seus filhos nunca terem sacado o dinheiro levou as autoridades a concluir que ele ainda está vivo. Uma força-tarefa foi montada para encontrá-lo. Seu paradeiro, no entanto, permanece um mistério.

CASO EICHMANN

Em 1960, o Mossad, a polícia secreta de Israel, invadiu a Argentina, capturou e retirou do país um dos mais procurados criminosos nazistas que fugiram após a Segunda Guerra

- BRUNO LEUZINGER -

EDIÇÃO 11 · JULHO 2004

Naquela noite, o ônibus que trazia Ricardo Klement do trabalho atrasou um pouco. Ele saltou no ponto de sempre, bem perto de sua casa, onde Vera e os meninos o esperavam. A região era meio deserta e afastada do centro, mas ele apreciava o isolamento. Dobrando a esquina, viu uma limusine preta parada, com o capô levantado. Do lado de fora, um homem checava o motor. Quando Klement passou, foi interrompido bruscamente: "Momentito!", disse o desconhecido, em um arremedo de espanhol. Era obviamente estrangeiro. Klement hesitou, e o estranho pulou em cima dele, tentando segurar seus braços. Ele gritou, se debateu e os dois caíram no chão. Logo surgiu um terceiro homem, depois mais outro, dominaram Klement e o botaram no banco de trás da limusine. O carro partiu em disparada. Então o motorista virou-se e disse em alemão: "Não se mova e ninguém vai machucá-lo. Mas, se resistir, atiramos". Klement ficou em silêncio por uns segundos. Finalmente, respondeu, também em alemão: "Eu já aceitei o meu destino".

Naquele 11 de maio de 1960 chegavam ao fim 15 anos de fuga. O homem magro, calvo e míope que trabalhava em uma fábrica da Mercedes-Benz e dizia se chamar Ricardo Klement era na verdade um dos criminosos nazistas mais procurados do mundo: Adolf Eichmann. "Seu papel principal foi coordenar as atividades práticas da implementação da 'solução final'", diz Efraim Zuroff, diretor da sucursal de Jerusalém do Simon Wiesenthal Center, dedicado à caça de nazistas. De seu escritório em Berlim, Eichmann organizava as rotas dos trens que seguiam para os campos de extermínio. Em outras palavras, era ele quem carimbava as passagens de homens e mulheres de origem judaica forçados a partir com destino a lugares cujos nomes ainda hoje provocam calafrios – Auschwitz, Treblinka, Birkenau.

Entre o fim de abril e o começo de maio de 1945, o Terceiro Reich estava de joelhos e Eichmann viu que era hora de ir embora. Antes de partir, deu à mulher, Vera, quatro cápsulas de veneno, para ela e cada um de seus três filhos – Klaus, Horst Adolf e Dieter Helmut. "Se os russos vierem, mordam as cápsulas. Se forem norte-americanos ou britânicos, não precisa", disse. Em Ulm, no sul da Alemanha, topou com um pelotão norte-americano e foi levado para um campo de prisioneiros. Eichmann afirmou ser Adolf Barth, cabo da Força Aérea alemã. Foi transferido de campo várias vezes e sempre adotava um nome diferente. Após meses, conseguiu escapar com documentos que o identificavam como Otto Heninger. Ele acabaria em uma localidade rural chamada Eversen. Lá viveu alguns anos tranquilo, criando galinhas.

A guerra acabou, mas Eichmann não foi esquecido. Seu nome apareceu diversas vezes nas 16 mil páginas que compuseram a transcrição do julgamento de Nuremberg, em que 24 membros da cúpula nazista foram acusados de crimes de guerra. Dieter Wisliceny, ex-colega e amigo seu (era inclusive padrinho de Dieter, o filho caçula), foi testemunha em Nuremberg e tentou salvar a pele às custas de Eichmann. Em novembro de 1946, escreveu de sua cela uma carta pondo-se à disposição dos norte-americanos para ajudar a encontrá-lo.

A Alemanha tornou-se pequena demais para Eichmann, e em 1950 ele decidiu deixar o país. Atravessando os Alpes, chegou à Áustria e depois à Itália. Lá encontrou a mesma rede de proteção que já havia permitido a outros criminosos nazistas escapar. Em nome da "ajuda humanitária", a Igreja Católica oferecia abrigo em casas seguras, e a Cruz Vermelha fornecia documentos. Eichmann foi acolhido por uma comunidade franciscana enquanto aguardava o momento de partir. No dia 14 de junho de 1950, o consulado argentino em Gênova lhe concedeu um visto de entrada. De seu próprio bolso ele pagou uma passagem de segunda classe no navio Giovanna C. e, em 14 de julho, desembarcou em Buenos Aires. Era o início de uma nova vida.

A CAÇADA

Zvi Aharoni chegou a Buenos Aires em 1º de março de 1960. Sua missão: identificar e preparar a captura de Adolf Eichmann. Viajando com nome falso e passaporte diplomático, Aharoni era agente do Mossad, o serviço secreto de Israel. A primeira pista sobre o paradeiro de Eichmann surgira em 1957, por meio de Lothar Hermann, um descendente de judeus cujos pais foram mortos pelos nazistas. Ele morara em Buenos Aires e sua filha Sylvia ficara amiga de um rapaz chamado Klaus Eichmann. O jovem visitara sua casa e, sem saber da ascendência da família, declarou ser "uma pena que Hitler tenha sido impedido de alcançar seu objetivo". Klaus dizia que seu pai havia sido oficial do Exército alemão e se recusava a dar seu endereço a Sylvia, mas ela acabou descobrindo com uma amiga: Rua Chacabuco, 4 261.

A história foi tratada com desconfiança pelo diretor do Mossad, Isser Harel, e, durante quase três anos, o serviço secreto pouco fez para apurar sua veracidade. Mas novas informações levavam a crer que Eichmann estaria vivendo em Buenos Aires sob o nome de Ricardo Klement. Sua mulher e filhos teriam ido ao seu encontro, e os três rapazes continuaram usando o sobrenome do pai. A Argentina já era conhecida por abrigar criminosos de guerra. "O governo os protegia, dava emprego e documentos e negava pedidos de extradição", afirma o jornalista e historiador argentino Jorge Camarasa, autor de *Odessa al Sur - La Argentina como Refugio de Nazis y Criminales de Guerra* (Odessa ao Sul - A Argentina como Refúgio de Nazistas e Criminosos de Guerra) e *Los Nazis en la Argentina* (Os Nazistas na Argentina), inéditos no Brasil.

Aharoni também escreveu um livro com o jornalista alemão Wilhelm Dietl, intitulado *Operation Eichmann - Pursuit and Capture* (Operação Eichmann - Perseguição e Captura, inédito em português). Na obra, explica que, naquela época, qualquer embaixada israelense dispunha de um número de telefone que podia ser usado para contatar voluntários judeus dispostos a ajudar em um trabalho ou investigação, e o mais importante: sem fazer perguntas. Um funcionário da embaixada colocou uma relação de voluntários à sua disposição e na companhia de um deles, "Roberto" (os nomes são fictícios), Aharoni dirigiu até a Rua Chacabuco. Com o pretexto de entregar um carta para Ricardo Klement, Roberto foi ao prédio e descobriu que o apartamento do térreo estava vazio, sendo pintado. Se ele tinha morado ali, já havia se mudado.

Em março, no entanto, ele conseguiu uma pista. Numa oficina mecânica perto da Rua Chacabuco trabalhava o jovem com sotaque alemão identificado como Dito. Eles desconfiaram que era Dieter, filho mais novo de Eichmann. Nos dias seguintes, Aharoni seguiu-o depois do trabalho até a Rua Garibaldi, em uma área meio abandonada, sem água encanada ou energia elétrica. Mas era preciso confirmar se Dito era mesmo Dieter. No dia 12, Aharoni ordenou que o voluntário "Juan" o procurasse na oficina. Juan voltou com a notícia: "Tenho más notícias. Nós estamos seguindo o homem errado. O sobrenome de Dito não é Klement. É Eichmann". Aharoni precisou disfarçar a empolgação.

Mas faltava achar Adolf Eichmann. Aharoni o viu pela primeira vez em 19 de março. Passando de carro em frente à casa, observou um homem de meia-idade, magro e calvo, que recolhia a roupa do varal. Perto dele, uma criança de cerca de 5 anos (Ricardo Francisco, filho de "Klement" e Vera, nascido na Argentina). Era ele, com certeza.

A ARMADILHA

Em 24 de abril, começaram a chegar a Buenos Aires os agentes do Mossad que participariam da segunda etapa da "Operação Eichmann": a captura e traslado para Israel. Além de Aharoni, agora identificado como um executivo alemão, vieram Avraham Shalom, Yaakov Gat e Efraim Ilani. Em outra leva, para não chamar a atenção, desembarcaram Yitzhak Nesher, Zeev Keren (responsáveis por alugar as casas que seriam usadas de esconderijo e os carros para o sequestro), Zvi Malchin (um homem forte, a quem caberia a missão de segurar Eichmann), o chefe da missão Rafi Eitan, o diretor do Mossad, Isser Harel, mais o médico, identificado apenas como "Doutor", encarregado de manter o prisioneiro saudável. Por último, chegou Shalom Dany, perito em documentos falsos.

Eles alugaram duas casas que serviriam como opções de esconderijo, e o agente Keren construiu numa delas um pequeno quarto com uma porta secreta onde o prisioneiro ficaria em caso de visitas inesperadas. Eles compraram dois carros, uma limusine Buick preta e um Chevrolet. Ambos foram levados ao mecânico para uma revisão completa. Decidiu-se que Aharoni, que conhecia melhor a cidade, dirigiria a limusine – o carro onde Eichmann seria colocado.

O alvo da operação continuava sob constante vigilância. Os agentes descobriram que todo dia ele descia do ônibus vindo do trabalho às 19h40, hora em que a rua costumava estar vazia. Seria o momento certo de atacar. Faltava só combinar a data. A ideia era que o intervalo entre o sequestro e a fuga fosse o menor possível; quanto mais tempo mantendo Eichmann prisioneiro em Buenos Aires, maior a chance de a polícia ser acionada. O transporte para Israel seria no voo de volta de um avião comercial da El Al que traria o ministro do Exterior israelense Abba Eban para a comemoração dos 150 anos de independência da Argentina. De início, o ministro chegaria em 12 de maio, e a aeronave retornaria a Israel no dia seguinte. O sequestro foi marcado para o dia 10. Quando se soube que o avião só chegaria no dia 19, o grupo resolveu adiar a operação por 24 horas. Todos estavam tensos e ansiosos para que tudo acabasse logo.

Em 11 de maio, na hora combinada, 19h25, Aharoni estacionou a limusine na Rua Garibaldi. Malchin e Keren saíram do carro e o segundo se escondeu atrás do capô. Rafi Eitan ficou deitado no banco de trás. O Chevrolet, com Avraham, Yaakov Gat e o Doutor, parou um pouco mais longe. Se durante a fuga acontecesse algum acidente ou qualquer problema com a limusine, os agentes e o prisioneiro seriam levados para o Chevrolet. O relógio deu 19h40, mas nada de Eichmann. O combinado era esperar até 20h. Cinco minutos depois das 20h, Avraham saiu do carro e vinha em direção à limusine, quando um ônibus parou no ponto e um homem saltou. Avraham correu de volta para o Chevrolet e acendeu os faróis. Era Eichmann.

Aharoni o observava com os binóculos quando ele pôs a mão esquerda no bolso. Seria uma arma? Com um sussurro alertou Malchin: "Ele está com a mão no bolso. Cuidado, pode ser um revólver". Aharoni ligou o motor do carro. Três segundos depois, Eichmann passou ao lado de sua janela e foi barrado por Malchin: "Momentito!"

O SEQUESTRO

Eichmann não estava armado – nem os agentes. A limusine seguiu pela Rua Avellaneda por 800 metros e então parou para que Zeev Keren descesse e trocasse rapidamente as placas do carro; em vez das chapas comuns, agora eles tinham novas, azuis, de carro diplomático, para combinar com documentos falsos de diplomata austríaco que Aharoni levava. O prisioneiro estava deitado no chão, com um cobertor em cima. Chegaram finalmente na casa. O carro estacionou na garagem e os ocupantes entraram pela porta que dava acesso direto à cozinha.

Vendado com óculos de motociclista cobertos com fita adesiva, Eichmann foi levado até o segundo andar, onde um quarto tinha sido preparado para ele. No lugar das janelas, colchões tornavam o ambiente à prova de som. Deitaram-no na cama, despiram-no, e o Doutor examinou seu corpo em busca de cápsulas de veneno. Vestiram-no com pijamas e a perna esquerda foi algemada à cama. O interrogatório começou às 21h15. Aharoni fazia as perguntas. Qual era o nome do prisioneiro? "Ricardo Klement". E como ele se chamava antes? "Otto Heninger". A resposta deixou Aharoni intrigado; ele não sabia que Eichmann adotara identidade de Otto Heninger na Europa. Mas as perguntas seguintes tiveram a resposta esperada. Quando era sua data de nascimento? "19 de março de 1906". Local de nascimento? "Solingen". E qual foi seu primeiro nome? "Adolf Eichmann". Aharoni esticou a mão para cumprimentar Avraham, do outro lado da cama.

Em 20 de maio, o prisioneiro foi avisado de que era hora de partir. Vestido com uma roupa semelhante à da tripulação da El Al (camisa branca e gravata preta), Eichmann foi sedado. A droga o impediria de falar, mas com ajuda poderia se locomover quase normalmente. Partiram às 21h.

O aeroporto estava vazio, não havia outros voos programados para aquele dia. O carro parou perto do ônibus da companhia – cujos verdadeiros tripulantes não tinham ideia do que se passava. Yaakov e o Doutor, também vestidos como tripulantes da companhia aérea, ajudaram Eichmann a subir a escada e entraram no avião com ele. Para todos os efeitos, eram dois membros da tripulação amparando um colega doente. O Doutor sentou atrás de Eichmann e até a decolagem manteve uma seringa espetada em seu braço. Aharoni, Isser Harel e o resto da equipe aguardavam a hora de embarcar, mas o tempo foi passando e nada de eles serem liberados. Pouco antes da meia-noite apareceu um funcionário esbaforido pedindo desculpas pelo transtorno. Com todos finalmente a bordo, o avião decolou à 0h04. A aeromoça perguntou se Zvi Aharoni gostaria de alguma coisa para comer. "Não, obrigado. Mas quero um uísque. Duplo."

NAZISTAS NO PARAÍSO

Na América do Sul criminosos condenados viviam no bem-bom

Eichmann não foi o único nazista a encontrar refúgio na América do Sul, mas a Argentina é a nação do continente que mais recebeu criminosos de guerra – cerca de 300, segundo o historiador argentino Jorge Camarasa. "O governo de Perón tolerou seu ingresso e muitos acabaram empregados em fábricas militares." Camarasa diz que o fluxo de entrada foi mais intenso entre os anos de 1947 e 1948. "Eichmann foi um dos últimos a chegar. Na verdade, foi o penúltimo. O último foi Klaus Barbie, em 1952." A posição argentina em relação à Alemanha era notoriamente ambígua: o país só declarou guerra ao Reich duas semanas antes da queda de Berlim, em 1945. O Brasil recebeu sua cota. Comandante dos campos de extermínio de Treblinka e Sobibor, Franz Stangl foi encontrado vivendo em São Paulo, trabalhando em uma fábrica da Volkswagen. Sua captura, em 1967, contou com a participação de Simon Wiesenthal, famoso caçador de nazistas.

Extraditado para a Alemanha Ocidental, Stangl foi julgado na cidade de Düsseldorf em 1970 e sentenciado à prisão perpétua, vindo a morrer no cárcere poucos meses depois. O caso mais polêmico em solo brasileiro é o de Josef Mengele, o médico conhecido pelas macabras experiências com seres humanos em Auschwitz. Como Eichmann, ele viveu em Buenos Aires, mas fugiu quando ficou sabendo que a Alemanha pretendia pedir sua extradição. A versão oficial diz que ele chegou ao Brasil em 1961, adotou o nome de Wolfgang Gerhard e morreu afogado em Bertioga, em 1979. Sua ossada foi encontrada no cemitério de Embu, em 1985.

O historiador Ben Abraham contesta a informação e afirma que Mengele forjou sua própria morte e faleceu nos Estados Unidos, em 1992. "Isso é besteira", diz Zuroff, da Fundação Simon Wiesenthal. "Foi feito exame de DNA. Era ele mesmo." Outro nazista de peso a se esconder em território sul-americano foi Klaus Barbie – conhecido como "Carniceiro de Lyon" pelo sadismo com que agia à frente da Gestapo (a polícia secreta do Estado) na cidade francesa. Localizado na Bolívia e extraditado para a França em 1983, Barbie foi condenado a passar o resto da vida na cadeia, onde morreu em 1991. Mais recentemente, Erich Priebke, capitão da SS acusado do massacre das Fossas Ardeatinas, em 1944, quando 335 civis italianos foram fuzilados, foi detido em Bariloche e levado para Roma, onde cumpre prisão perpétua desde 1998.

O JULGAMENTO

O burocrata da "solução final" foi condenado a morrer na forca

"Tenho de informar que forças de segurança israelenses encontraram um dos maiores criminosos nazistas, Adolf Eichmann, que, junto com outros líderes nazistas, é responsável pelo que eles denominaram de 'a solução final' da questão judaica, em outras palavras, o extermínio de 6 milhões de judeus europeus. Adolf Eichmann já está preso neste país e será em breve levado a julgamento de acordo com a lei de 1950 que pune nazistas e seus colaboradores." Foi assim que o primeiro-ministro israelense David Ben Gurion se dirigiu ao Parlamento e ao povo de seu país no dia 23 de maio de 1960. A notícia do sequestro caiu como uma bomba. A Argentina protestou contra a quebra de sua soberania e exigiu Eichmann de volta. O governo não aceitou o pedido de desculpas de Israel e, em junho, levou o caso ao Conselho de Segurança da ONU.

Em agosto, porém, os ânimos esfriaram e os dois países divulgaram um comunicado conjunto expressando "simpatia mútua". Eichmann foi apresentado à Corte Distrital de Jerusalém em 11 de abril de 1961 acusado de crimes contra o povo judeu e contra a humanidade. Protegido em uma cabine de vidro à prova de bala, o réu declarou-se inocente das acusações. O julgamento produziu o best-seller *Eichmann em Jerusalém – Um Relato sobre a Banalidade do Mal*, da filósofa judia alemã Hannah Arendt. Incumbida pela revista norte-americana *The New Yorker* de fazer a cobertura do processo, Hannah traçou o perfil de um burocrata incapaz de admitir sua parte de culpa no Holocausto. "Com o assassinato dos judeus não tive nada a ver. Nunca matei um judeu. Nunca matei um ser humano", disse Eichmann, segundo ela. "Ele parecia acreditar que, atrás da escrivaninha, suas mãos estariam limpas."

Em 15 de dezembro, a corte deu o veredicto e a sentença: morte por enforcamento. Na noite de 31 de maio de 1962, Eichmann estava calmo. Chegou a pedir uma taça de vinho e recusou o capuz que o carrasco lhe ofereceu. Em seu livro, Aharoni cita o jornalista Rudolf Küstermeyer, que testemunhou a execução e reproduziu suas últimas palavras, poucos minutos antes da meia-noite, já de pé no cadafalso: "Longa vida à Alemanha. Longa vida à Áustria. Longa vida à Argentina. Esses são os três países com os quais tive laços mais próximos. Eu não os esquecerei. Cumprimento minha mulher, filhos e amigos. Foi exigido de mim obedecer às leis da guerra e da minha bandeira. Eu estou preparado". Foi a primeira e até hoje única execução na história de Israel. O corpo foi cremado e as cinzas, espalhadas no mar Mediterrâneo, em águas internacionais. Fora, portanto, do território israelense.

ELES ESTÃO ENTRE NÓS

Nos anos 1930, o Brasil abrigou o maior partido nazista fora da Alemanha, com membros ligados às comunidades de imigrantes e descendentes de alemães. Com a chegada da Segunda Guerra, no entanto, descobriu-se que muitos deles faziam parte de uma bem tramada rede de espionagem

- LEANDRO NARLOCH -

EDIÇÃO 31 · MARÇO 2006

No dia 20 de abril de 1940, Adolf Hitler completava seus 51 anos. Para comemorar o aniversário do führer, que nos dois meses seguintes dominaria Holanda, Bélgica e Dinamarca e, em junho, descansaria à sombra da Torre Eiffel, em Paris, o ministro da Propaganda nazista Joseph Goebbels preparou uma festa. Desde a manhã milhões de pessoas foram às ruas e curtiram o feriado ouvindo discursos inflamados ou seguindo desfiles nas principais cidades alemãs. Longe de sua terra natal, 456 alemães preferiram uma festa reservada, mas também animada. No salão social do Clube de Atiradores de Blumenau, em Santa Catarina, eles se reuniram para um almoço típico, brindaram e deram vivas a Hitler. Na véspera, os 815 alunos entre 7 e 15 anos da Escola Alemã da Vila Mariana, em São Paulo, chegaram às 7 da manhã, como todos os dias. Como todos os dias, saudaram a chegada dos professores em coro: "Heil, Hitler". Na mesma época, no Rio de Janeiro, uma enorme bandeira vermelha com a suástica preta podia ser vista hasteada, tremulando no alto do morro de Santa Tereza.

A existência de simpatizantes nazistas no Brasil, nos anos 1930 e 40, não é novidade. Porém, a partir de 1997, quando se tornaram públicos os arquivos da Delegacia de Ordem Política e Social (Deops) do governo Getúlio Vargas, os pesquisadores não passam um dia sem descobrir algo novo e surpreendente sobre o nazismo no país. É o caso da historiadora Ana Maria Dietrich, professora da Universidade de São Paulo, que há anos pesquisa os milhares de documentos entre inquéritos, fotos, panfletos, depoimentos e relatórios do Deops, atualmente sob a guarda do Arquivo do Estado de São Paulo. Segundo Ana Maria, os documentos revelam um nível surpreendente de influência do nazismo na sociedade brasileira, detalhando não apenas atividades partidárias e de propaganda mas de espionagem e fraudes, além da conivência, e até da simpatia, com que essa ideologia contou entre as autoridades brasileiras.

AMIGOS, AMIGOS

Para entender o fenômeno do nazismo entre nós, é preciso lembrar como era o Brasil nos anos 1930. Vivíamos sob a ditadura do Estado Novo, de Getúlio Vargas. Partidos haviam sido proibidos, políticos foram cassados, jornais e revistas que não fossem simpáticos ao governo eram perseguidos. A Constituição imposta pelo getulismo era praticamente uma cópia da carta do ditador fascista italiano Benito Mussolini, de quem Getúlio não escondia ser admirador. Uma sofisticada máquina publicitária que incluía centenas de emissoras de rádio propagava a imagem do presidente e fomentava o sentimento ultranacionalista.

Dito assim, não parece um ambiente tão impróprio para o surgimento de ideais totalitários. E não era. No Brasil ainda circulavam ideias de dominância racial formuladas no século 19 e defendidas por intelectuais como Sílvio Romero. Jovens que se tornariam figurões da nossa cultura, como o poeta Vinicius de Moraes e o folclorista Câmara Cascudo, declaravam-se integralistas – a corrente de ultradireita que queria um Brasil totalitário e cujos membros se metiam em espancamentos de negros, estrangeiros e judeus.

"A política e a sociedade brasileiras refletiam as influências internacionais", afirma Priscila Ferreira Perazzo, historiadora da USP e autora de *O Perigo Alemão e a Repressão Policial no Estado Novo*. De fato, mundo afora os ideais fascistas vicejavam. "Entre 1918 e 1920, dois Estados europeus fecharam seus Parlamentos e implementaram governos absolutistas. Nos anos 1920 foram seis, e na década seguinte mais nove países sucumbiram a governos ditatoriais", afirma o historiador britânico Eric Hobsbawm, em *Era dos Extremos*. "Na América, a lista de países não autoritários incluía apenas Canadá, Colômbia, Estados Unidos, Costa Rica e Uruguai."

Além de compartilhar ideais autoritários, o Brasil de Vargas mantinha relações para lá de amistosas com a Alemanha nazista. Na década de 1930, os alemães viraram o segundo maior mercado consumidor de produtos brasileiros, saltando de 10% para 22% de nossas exportações. Em 1936, policiais e militares brasileiros visitaram a Alemanha, onde treinaram com a Gestapo, a polícia política de Hitler. Em retribuição, o governo brasileiro entregou aos nazistas comunistas e judeus alemães residentes no Brasil, como Olga Benário, Erna Krüger, Elise e Arthur Ewert. Dito assim, parece que Getúlio estava muito mais próximo de apoiar o Eixo que os Aliados na guerra que se aproximava.

NAZISMO LEGAL

Datam de 1924 os primeiros registros sobre um grupo chamado genericamente de *Landesgruppe Brasilien* (ou "o grupo do país Brasil"), que pode ser identificado como um partido nazista no Brasil. Segundo Ana Maria Dietrich, desde o início a organização não era uma célula isolada e integrava uma rede mundial com outras filiais do partido presentes em 83 países, com 29 mil integrantes. Quando foi oficializado, em 1928, seu líder, Hans Henning von Cossel, estava apenas a dois degraus hierárquicos do próprio Hitler. "O partido chegou a ter 2 900 integrantes e era, de longe, o maior entre os partidos nazistas que operavam fora da Alemanha", diz Ana Maria. O segundo maior era o da Holanda, com 1 600 membros.

Em dez anos de atuação, o partido teve estatuto, uma sede nacional em São Paulo, escritórios regionais em Minas Gerais, Rio Grande do Sul e Rio de Janeiro, então capital federal, e sedes municipais. Dos quase 3 mil membros, 785 estavam em São Paulo, 528 em Santa Catarina, 447 no Rio de Janeiro. Havia "agentes de divulgação" em Pernambuco e Bahia. Alguns de seus líderes, como o chefão Von Cossel e o tesoureiro Otto Braun, receberam treinamento especial em Munique, na Alemanha, para se tornarem "agentes políticos". Os membros também se organizavam em associações, como a Juventude Hitlerista, a Associação de Professores e a Associação de Mulheres Nazistas.

Ao contrário do que se pensa, o tipão mais comum de um nazista no Brasil tinha pouco a ver com os colonos alemães que chegaram no século 19. Geralmente, eram técnicos e empresários urbanos que viam o Brasil como uma *gastland* – "terra de hospedagem", um abrigo temporário. "A principal missão dos membros era difundir o nazismo entre os alemães longe da Alemanha", diz Ana Maria. "Professores foram enviados de Berlim para lecionar em escolas alemãs e pregar o nazismo para os alunos."

Foi o que ocorreu na Escola Alemã da Vila Mariana, hoje Escola Benjamin Constant, em São Paulo. Ali, as crianças estudavam em alemão, davam vivas a Hitler e entoavam canções nazistas como a patriótica *Alemanha Acima de Tudo*, que começava assim: "Levanta a bandeira da luta e da liberdade,/ as fileiras bem unidas,/ e marcha com os passos calmos e firmes". No Colégio Visconde de Porto Seguro, também em São Paulo, o diretor Gustaf Hoch foi denunciado pelo pai de um aluno em carta ao próprio Goebbels por não defender o nazismo.

"Tudo indica que o nazismo no Brasil se difundiu, pelo menos no início, para os alemães e entre os alemães. Eles não queriam saber da política interna, de tomar o poder do Brasil ou convencer mestiços e não arianos a adotarem as ideias de Hitler", diz Priscila Perazzo. O partido trabalhava de olho nos problemas da Alemanha e dos alemães que viviam no exterior. Sequer estavam registrados no Tribunal Superior Eleitoral, e descendentes nascidos no Brasil eram proibidos de entrar. "Não acredito e não há indício confiável de que os nazistas pretendessem influenciar drasticamente a política brasileira", afirma Priscila. No entanto, um estudo do historiador Francisco Teixeira, da Universidade Federal do Rio de Janeiro, baseado em documentos do Arquivo Federal da Alemanha, mostra que diante da iminência da guerra, entre 1936 e 1939, o partido recebeu do Terceiro Reich a missão de paquerar a opinião pública brasileira.

Para isso, os nazistas controlavam pelo menos 15 emissoras de rádios espalhadas pelo país que transmitiam noticiários em português feitos em Berlim. Notícias da rádio Tupy, de São Paulo, em outubro de 1936, diziam que a Alemanha estava uma maravilha sob o comando do führer. A produção industrial crescia, os alimentos abundavam, o perigo semita estava sendo afastado e, em breve, a raça alemã estaria toda reunida. Os ideais nazistas chegavam ao grande público brasileiro ainda em panfletos, livros e pelo jornal *Deutscher Morgen* (ou Aurora Alemã), que custava 200 réis e publicava na capa trechos de discursos de Hitler como este, de junho de 1934: "Devemos assegurar a permanência da nossa raça e de nosso povo, o alimento de nossos filhos, preservar a pureza do sangue, a liberdade e independência da pátria". Editado no bairro da Mooca, em São Paulo, o jornal convidava os leitores a participar de reuniões sobre o nazismo e para tomar um chope Antarctica na Gruta Alemã, bar na avenida São João que estampava uma suástica atrás do balcão.

Em abril de 1938, no auge da onda nacionalista, o governo Vargas restringiu a participação política partidária aos brasileiros natos e o Partido Nazista – tanto quanto o Comunista – foi extinto. Mas não acabou. Documentos encontrados no arquivo do Itamaraty pela historiadora Ana Maria Dietrich mostram que, antes de o decreto começar a valer, o presidente recebeu o embaixador alemão no

Brasil, Karl Ritter, para uma conversa. "Getúlio disse ao diplomata que a medida não era punitiva aos alemães, à Alemanha ou ao Partido Nazista", afirma Ana Maria. Como compensação pela proibição, o embaixador aceitou a doação de sacas de café, para ajudar no Programa de Auxílio Alemão de Inverno. O que não se sabe se ficou combinado entre Getúlio e o embaixador foi a garantia de que os nazistas não seriam perseguidos. Mas o fato é que, pelo menos nos primeiros anos após a proibição, o governo nada fez para reprimir as atividades dos nazistas. "Até a entrada do Brasil na guerra, em agosto de 1942, mesmo ilegal o partido seguiu funcionando numa boa", diz a historiadora. Na embaixada alemã no Rio, uma bandeira nazista permaneceu hasteada até outubro de 1941. Em abril de 1942, uma passeata reuniu cerca de 2 mil nazistas uniformizados à luz do dia, no centro de Florianópolis.

AGORA É GUERRA

Em janeiro de 1942, após o ataque dos japoneses a Pearl Harbor, o Brasil rompeu relações diplomáticas com o Eixo. E em 31 de agosto, depois de seis navios brasileiros serem afundados por submarinos alemães em quatro dias, Getúlio declarou guerra. "Não há como negar que a Alemanha e a Itália praticaram atos de guerra, criando uma situação de beligerância que seremos forçados a reconhecer, em defesa de nossa soberania, da nossa segurança e da América, e a repelir, na medida de nossas forças", discursou o presidente. A declaração pôs fim à pendular atuação de Vargas, que ora adulava os alemães – num discurso em 1940, no dia em que os nazistas tomaram Paris, ele elogiou as "nações fortes que se impõem pela organização baseada no sentimento da pátria e sustentando-se na convicção da própria superioridade" –, ora sorria para os aliados, de olho nos investimentos que os americanos prometiam fazer por aqui.

De um dia para o outro, alemães, italianos e japoneses viraram inimigos da pátria. Os alemães residentes ou de passagem pelo Brasil foram convidados a deixar o país e intimados a comparecer à delegacia mais próxima. Alguns foram presos acusados de "falar alemão em público". Como mostra o filme *Cinema, Aspirinas e Urubus*, do cineasta Marcelo Gomes, que estreou no fim de 2005, empresas alemãs como a Bayer, que difundia pelo país as pílulas para dores de cabeça, sofreram intervenção federal. Mas, se por um lado a perseguição policial causou vítimas inocentes, também revelou uma bem organizada rede de espionagem.

Uma das primeiras pessoas detidas pelo Deops, em setembro de 1942, se tornaria um dos mais famosos espiões nazistas no Brasil. Era o alemão Otto Braun, tesoureiro e membro da direção nacional do Partido Nazista Brasileiro. Nos sete meses em que ficou preso, Braun não pôde falar com a família nem com amigos, permanecendo, como diz seu prontuário, "em regime de rigorosa incomunicabilidade". Em seus mais de 200 depoimentos aos agentes do Deops, ele nomeou, um a um, todos os integrantes do partido, inclusive os que ocupavam cargos de direção.

"Morando no Brasil desde 1924, Braun conhecia tudo e revelou detalhes de ações de espionagem e fraudes cambiais", conta Ana Maria. Funcionário do Banco Alemão Transatlântico, Braun coordenava uma série de transações proibidas de câmbio. O dinheiro de alemães residentes no Brasil era enviado para cofres na Suíça e de lá chegava à Alemanha e às mãos do Terceiro Reich. Pelo menos 12 funcionários do banco eram membros do partido ou ligados a ele. Acabaram presos.

Otto Braun declarou também que o partido era "uma instituição conhecida pelas autoridades brasileiras, que muitas vezes compareceram às reuniões e festejos da mesma". Era verdade. O governo brasileiro monitorava os nazistas havia dez anos. Os policiais estavam infiltrados em igrejas luteranas e clubes como o Germânia, no Rio de Janeiro, e enviavam relatórios às vezes semanais, descrevendo de animadas perseguições de suspeitos, no melhor estilo James Bond, a tediosas tocaias, "que só servem para quem quer conhecer o cotidiano de pessoas supostamente nazistas e falam de fins de semana na praia, partidas de biriba e aniversários de família".

"Esses relatos mostram que grande parte das fontes de informação do serviço de espionagem nazista era composta por amadores.

Gente comum que falava o que sabia ou ouvia dizer aos informantes do Terceiro Reich", diz a historiadora Priscila Perazzo. Entre esses faladores havia operários, comerciantes e industriais, gente que, às vezes, ocupava cargos importantes e até estratégicos em empresas brasileiras. Frederico Weissflog, dono da Companhia Melhoramentos de São Paulo, ouviu de alguns amigos americanos que os Estados Unidos preparavam um golpe para derrubar Getúlio. Tudo bobagem, é claro, mas, em vez de informar o governo brasileiro, Weissflog contou o boato para Niels Christian Christensen.

Christensen (que, aliás, não acreditou na lorota) era um espião de carteirinha, um dos mais profícuos informantes nazistas que atuaram no país. As transcrições de suas mensagens interceptadas pelo Deops somam quase oito pastas. "Ele era a face profissional da rede de informações nazista no Brasil", diz Priscila. Treinado pelo serviço de informação alemão, ele liderou uma das seis células que operavam no país. Sua base era a cidade de Santos, no litoral paulista, onde se apresentava como dinamarquês e comerciante. Christensen na verdade era alemão e chamava-se Josef Starziczny. Havia chegado ao Brasil em abril de 1941 e montado uma estação de rádio que funcionou secretamente por mais de um ano, passando informações sobre o porto e sobre a presença de navios aliados na costa brasileira.

Em 1940, em São Paulo, o alemão Hans Christian von Kotze abriu um escritório comercial no centro da cidade. Os vizinhos pensavam que ele administrava investimentos para empresários graúdos. Balela. Kotze era um espião nazista, e o que ele conseguia saber com os endinheirados era passado para a Alemanha por uma rádio clandestina no bairro do Jabaquara.

Você deve estar se perguntando: o que tanto queriam os espiões nazistas no Brasil? A resposta pode ser simples: como todos os alemães – ou pelo menos a esmagadora maioria deles –, eles queriam que a Alemanha ganhasse a guerra. Por isso, passavam informações que pudessem ajudar a máquina de guerra alemã contra os aliados.

Mas há quem ache que Hitler tivesse outros planos para o Brasil. Primeiro, como fonte de recursos para uma guerra prolongada.

Depois para, vencido o inimigo, contar com um aliado de porte para se recuperar dos esforços de guerra. "Entre as autoridades havia o medo, mesmo que remoto, de Hitler invadir o Brasil depois de conquistar a Europa", diz a historiadora Ana Maria Dietrich. E o próprio führer dava corda para essa desconfiança. "Precisamos de dois movimentos no exterior: um leal e um revolucionário. Não vamos desembarcar tropas e conquistar o Brasil com armas na mão. As armas que temos não se veem", afirmou Hitler em 1933.

Se isso fosse verdade, gente como Gustav Engels, um pacato pai de família que chegara ao Rio de Janeiro nos anos 1920 para trabalhar na Siemens, estaria pronto a ajudar. Em 1939, Engels passou um tempo na Alemanha. Voltou com um codinome - Alfredo - e a missão de proliferar espiões, estações clandestinas e códigos telegráficos pela América do Sul. Durante três anos, ele coordenou uma extensa rede que contava com informantes em companhias aéreas, funcionários do governo, jornalistas, executivos de empresas de energia, num total de mais de 50 pessoas, entre elas o engenheiro Ludwig Weber e o mecânico Alberto Hofstetter, ambos funcionários da Vasp.

No fim de 1942, a polícia interceptou uma série de mensagens enviadas por Engels via rádio que surpreenderam as autoridades pela precisão e diversidade. Há dados sobre o trânsito de aviões norte-americanos nas bases aéreas do Nordeste, informações sobre a capacidade dos depósitos de gasolina nos portos e o comprimento das pistas dos aeroportos brasileiros. Além de transmitir o que sabia para a Alemanha, Engels compartilhava tudo com colegas no Chile, na Argentina e no Equador. Para saber se uma mensagem havia chegado à Alemanha, ele pedia sinais pelo noticiário da rádio alemã: "Como confirmação mandar tocar algumas passagens da marcha *Fridericus* ao terminar o programa em ondas curtas às 22 horas hora do Rio", telegrafou "Alfredo" em janeiro de 1942. Preso em novembro, foi condenado a 14 anos e cumpriu cinco.

Outro suposto chefão da espionagem nazista foi revelado em 1983 (bem antes, portanto, de os arquivos do Deops serem abertos), quando o historiador americano Stanley Hilton lançou *A Guerra Secreta de Hitler no Brasil*. Nele, Hilton apontava o alemão Hans Curt Werner Meyer-Clason como líder da rede que funcionava no Rio Grande do Sul. Foi um espanto. Não tanto para os historiadores, mas para os literatos brasileiros. É que Meyer-Clason é o maior tradutor de literatura brasileira para a língua alemã. Ele, que passou cinco anos preso em Ilha Grande, nega até hoje a acusação.

CAÇA AOS NAZISTAS

Quando foi declarada guerra entre Brasil e Alemanha, houve em São Paulo e no Rio uma debandada de empresários alemães rumo ao país natal. Já os imigrantes alemães do Sul não tiveram a mesma chance. Em 1942, espionagem era – e ainda é – crime no Brasil. Segundo o Código Penal Militar (pela Convenção de Genebra, de 1929, espiões são criminosos de guerra), o acusado pode ser condenado de quatro a 20 anos de prisão. Mas a aplicação da lei no Brasil, já naquele tempo, teve excessos de um lado e "jeitinhos" do outro.

Numa tarde, no verão de 1942, o estudante Max Will, então com 12 anos, voltava da escola em Agrolândia, em Santa Catarina. "Em casa, encontrei todo mundo chorando. Os policiais tinham invadido nossa casa e levado meu pai", lembra. O pai de Max, o agricultor Leopoldo Will, viera da Alemanha quando criança e jamais aprendera o português. Na praça da cidade, os policiais obrigaram-no a beber óleo de rícino com diesel e defecar em público. "Enfiaram-lhe o fuzil na boca e passaram o diesel por ali", conta Max, hoje com 75 anos.

Com medo de atos assim, um grupo de 12 marinheiros alemães fez uma tentativa desesperada durante o Carnaval de 1942. Em São Vicente, litoral de São Paulo, eles tentaram fugir, atravessando o Atlântico num barco de 10 metros de comprimento. "No segundo dia no mar, depois de uma tempestade, vimos que era preciso voltar à terra para consertar o barco. Acabamos naufragando pouco antes de atingir o litoral de Praia Grande", conta Heinz Lange, hoje com 85 anos, o único tripulante da aventura ainda vivo. "A polícia nos pegou e fomos direto para a cadeia."

Heinz e os amigos faziam parte da tripulação do Windhuk, um navio de turismo que zarpou da Alemanha em julho de 1939 rumo à África com cerca de 650 pessoas a bordo. Quando a guerra estourou, a maioria resolveu ficar na África, mas cerca de 250 resolveram permanecer a bordo e tentar voltar à Alemanha. No caminho, para fugir de navios de guerra britânicos, o Windhuk teve que mudar de rumo e virar à esquerda. "Eles chegaram ao Porto de Santos em dezembro de 1939 e ficaram morando no barco até 1942", conta Peter Böhme, filho de um tripulante do Windhuk, que prepara um livro baseado no diário que seu pai escreveu na época.

Os tripulantes do Windhuk chegaram a trabalhar em Santos como carpinteiros, mecânicos e cozinheiros, mas depois da entrada do Brasil na guerra acabaram em campos de prisioneiros acusados de "nazismo leve". De 1942 a 1945, cerca de 3 mil alemães, japoneses e italianos foram presos pelo governo em 13 campos de concentração em oito estados. Em Santa Catarina foram 200 presos num hospício desativado de Joinville. Em Curitiba e Porto Alegre foram colocados em presídios comuns. Em Recife, o campo de Chã de Estevam abrigou os funcionários da Companhia Paulista de Tecidos (que depois viraria Casas Pernambucanas), cujos donos, os Lundgren, eram alemães. "Quase ninguém ali tinha nada a ver com nazismo", diz a historiadora Susan Lewis, da Universidade Federal de Pernambuco.

Os maiores campos foram montados em Pindamonhangaba e Guaratinguetá, em São Paulo, para abrigar a turma do Windhuk. No primeiro, os prisioneiros criaram um grupo de teatro e a orquestra do navio seguiu tocando todas as noites. Heinz Böhme escreveu em seu diário: "Domingo fizemos jogo de futebol entre os com-camisa e sem-camisa. Consegui ler um jornal contando que uma bomba caiu em Berlim".

Em 1945, com a rendição alemã, a coisa esfriou e, quando a guerra acabou, muitos processos foram abandonados e a maioria dos detidos foi simplesmente libertada. Do campo de Pindamonhangaba todos os presos saíram andando, pela porta da frente. A maioria ficou pelos arredores, outros partiram atrás de parentes, alguns não deixaram pistas. O cozinheiro do Windhuk, Kurt Brenneck, foi trabalhar num hotel em Campos do Jordão.

Três de seus colegas se casaram com moças da região e seus filhos e netos ainda estão por lá. Os espiões graúdos, presos em Ilha Grande, também foram libertados. Niels Christensen, condenado a 30 anos, saiu em 1947. O carpinteiro Heinz Lange só voltou à sua terra no fim da década de 1950. Encontrou um país transformado, bem diferente daquele que tinha deixado em 1939 a bordo do Windhuk. "Não gostei nem um pouco. Eu já estava acostumado com o Brasil", diz. Sem pensar duas vezes, ele preferiu voltar e se aposentar como um tranquilo mestre de obras em Praia Grande, no litoral de São Paulo.

ESCONDIDO, PERO NO MUCHO

Documentos inéditos reconstituem os passos de Josef Mengele na América do Sul e mostram como ele usou a identidade real na Argentina, no Uruguai e no Paraguai. A morte do carrasco, no litoral paulista, volta a gerar polêmica

- EDUARDO SZKLARZ -

EDIÇÃO 92 · MARÇO 2011

Como exigia a lei no Uruguai, em 1958, um singelo proclama de casamento foi publicado no jornal do povoado de Nova Helvécia, a 120 km de Montevidéu. O oficial Pedro Izacelaya anunciou o nome dos noivos e recomendava: quem soubesse de algum impedimento contra a união deveria denunciá-lo durante os oito dias de divulgação do registro, a contar de 17 de julho.

Casariam-se Marta Maria Will e Josef Mengele. Ela, viúva e dona de casa. Ele, divorciado, médico, nazista e torturador sádico, responsável direto pela morte de ao menos 3 mil pessoas em experimentos bizarros no campo de extermínio de Auschwitz.

Ninguém apresentou obstáculos. E Mengele retomou a rotina tranquila de empresário bem-sucedido em Buenos Aires. Até que a Alemanha pedisse a sua extradição, em 1959, o homem que mereceu ser chamado de Anjo da Morte sobreviveu nas barbas de autoridades alemãs, argentinas, uruguaias e paraguaias incólume. E feliz.

Günzburg é um vilarejo ao sul da Alemanha. Parece pintado a mão. Ali, a família Mengele é reverenciada. Em 1907, Karl Mengele comprou uma fábrica de máquinas agrícolas e faria dela uma das maiores da Europa. Sob novos donos, existe ainda hoje, batizada Mengele Agrartechnik. Boa parte dos moradores está empregada lá.

Há 100 anos, em 16 de março, Karl e a esposa, Walburga, tiveram o primeiro de três filhos, Josef. "Karl esperava que o primogênito assumisse os negócios e perpetuasse a dinastia", afirmam Gerald Posner e John Ware em *Mengele: The Complete Story* (sem edição no Brasil). Mas o ambicioso Josef queria construir a própria fama. "Dizia que todos ainda veriam seu nome na enciclopédia."

O rapaz estudou medicina e antropologia nas universidades de Munique e Frankfurt. Em 1937, já formado, descolou uma vaga no Instituto para Hereditariedade, Biologia e Pureza Racial da Universidade de Frankfurt e filiou-se ao Partido Nazista. No ano seguinte, ingressou na SS, que administrava os campos de extermínio. Casou-se pouco depois com Irene Schoenbein, mãe de seu único filho, Rolf. Entre 1939 e 1942, Mengele lutou no front oriental e recebeu cinco medalhas por bravura.

O emprego que, enfim, o colocaria na enciclopédia veio em 1943: um posto de médico em Birkenau, parte do complexo de Auschwitz, na Polônia. O sempre elegante doutor ganhou o sinal verde para realizar atrocidades "em nome da ciência". Era parte de sua função selecionar os presos recém-chegados. Em segundos, analisava as feições de cada um e mandava-os às fileiras da direita ou da esquerda: trabalho escravo ou a morte. Assim, teria determinado a execução de 200 mil a 400 mil pessoas.

Um terceiro destino era reservado a certos prisioneiros, sobretudo os gêmeos: servir de cobaia em testes cruéis (*leia na pág. 36*). O jornalista Ben Abraham, 86 anos, lembra-se muito bem daquele homem de macabra imponência. "Mengele liderava a junta médica que fez a seleção do meu grupo. Era o Anjo da Morte mesmo. Ele decidia com um levantar de polegar quem iria para os fornos crematórios e quem seria usado nas experiências. Nunca vou esquecer." Abraham conseguiu escapar e mora no Brasil. Perdeu a mãe ali. Outros sobreviventes recordam como ele, à primeira vista, muito bem-educado e galante, "desarmava" suas vítimas.

"MORTE" ANTECIPADA

Não há consenso sobre onde Mengele viveu logo após o fim da Segunda Guerra. O Exército Vermelho invadiu Auschwitz e libertou 7,6 mil prisioneiros em 27 de janeiro de 1945. Segundo Posner e Ware, pouco antes, o médico foi transferido ao campo de Gross Rosen. Depois, escondeu-se em uma floresta. Chegou a ser capturado pelos aliados, mas, sem ser reconhecido, acabou liberado em agosto de 1945. Embora o nome Mengele constasse na lista de nazistas procurados desde maio, ele foi dado como morto pelos aliados. Passou três anos numa fazenda em Rosenhein, na Bavária, com falsa identidade. Seu medo maior provavelmente era dos soviéticos, que matavam nazistas sem muita burocracia. Em 1948, voltou para Günzburg, decidido a fugir. Outros pesquisadores acreditam que o médico simplesmente abandonou Auschwitz e, à custa de propina paga pela famíla, encontrou abrigo na cidade natal.

Numa rota via Áustria e Itália, o carrasco escapou da Europa, em 1949. Usava um passaporte da Cruz Vermelha em nome de Helmut Gregor. Ele desembarcou em Montevidéu e seguiu para Buenos Aires. Em junho, foi acolhido pelo governo de Juan Domingo Perón, que mantinha, sabidamente, fortes laços com os seguidores de Adolf Hitler.

Nazistas como Adolf Eichmann e Erich Priebke seguiram rotas semelhantes, mas Mengele tinha um diferencial. "Ele sempre viveu como um milionário", diz o historiador argentino Carlos De Nápoli, que investiga a trajetória do carrasco há 30 anos. O médico se amparava na fortuna do pai – multiplicada durante o nazismo graças à mecanização da agricultura e depois na reconstrução do país. Para ajudá-lo, Karl entrou em contato com Jorge Antonio, braço direito de Perón e homem de confiança dos alemães no rio da Prata. Argentino de origem síria, El Turco enriqueceu nos anos 1950 usando seus vínculos com o poder, a ponto de se tornar presidente da filial argentina da Mercedes-Benz e sócio de dezenas de outras empresas. A Mercedes ajudou vários nazistas, a exemplo de Eichmann. Mengele, porém, não precisou de emprego. Criou suas próprias empresas com o dinheiro paterno. Os investimentos foram feitos por meio do empresário alemão radicado na Argentina Roberto Mertig, dono da fábrica de fogões Orbis. Uma das firmas que ele montou foi a Tameba (sigla em espanhol de Oficinas Metalúrgicas de Buenos Aires). "Ele fabricava hastes de torneiras e as vendia para Eichmann, que, nessa época, trabalhava na indústria de sanitários FV, do alemão Franz Viegener", diz De Nápoli. Ele calcula que, enquanto viveu na América do Sul, o doutor alcançou o patrimônio de cerca de 10 milhões de dólares. "É difícil precisar porque ele usava muitos testas de ferro."

O carrasco levava uma vida social "regular" na capital do tango (onde está, curiosamente, a maior comunidade judaica da América Latina). A ponto de "fazer parte de um grupo que jogava bridge no qual havia judeus", relata Gerald Astor em *Mengele: O Último Nazista*. "Ele se sentia tranquilo sabendo que havia uma rede de proteção para si no Estado. E ela continuou mesmo após o golpe contra Perón, em 1955", afirma Sergio Widder, diretor do Centro Simon Wiesenthal.

IDENTIDADE REVELADA

Em 1956, ele abriu um novo negócio, o laboratório Fadrofarm (Fábrica de Drogas Farmacêuticas). E voltou a ser Josef Mengele. Na embaixada alemã, deu o nome e endereço e pediu uma cópia da certidão de nascimento. Com ela, obteve uma cédula de identidade argentina.

O nazista saiu do armário (teve até o nome na lista telefônica) para garantir sua participação na herança da família. A essa altura, seu pai estava à beira da morte e ele precisava recuperar o nome. "Se continuasse como Helmut Gregor, não receberia nada. Assim, o segundo passo foi retomar a identidade", diz De Nápoli. O seguinte seria se casar com a viúva do irmão mais novo, Karl Jr. Sim, Marta Maria era sua cunhada. Chegara à Argentina com o filho, Karl Heinz, em 1956. Como divorciados não podiam se casar no país, Mengele foi com ela ao Uruguai. Com as bênçãos de Karl pai, ambos garantiram que os bens da família não se dispersassem.

O que levou Mengele a se sentir seguro o bastante para viver às claras em Buenos Aires? Além da rede de proteção, pesava o fato de que ele era pouco conhecido. Seu nome não figurou nos julgamentos de 1946, o Tribunal de Nuremberg e o Julgamento dos Médicos, que condenou sete doutores nazistas à morte. A Alemanha Ocidental foi criada em 1949 e começou a buscar Mengele em meados dos anos 1950 – mas lenta e atabalhoadamente.

As autoridades alemãs sabiam do paradeiro do médico desde 1954, quando sua primeira mulher, Irene Schoenbein, se separou dele. Ela se recusou a seguir com ele para a Argentina e formalizou o divórcio. Fiel ao estereótipo de ex-mulher, entregou seu esconderijo. Também o denunciou à Universidade de Frankfurt, que lhe cassou o diploma de médico. "Os documentos provam que o governo alemão sabia exatamente onde Mengele vivia na Argentina: Rua Sarmiento, 1875, Buenos Aires", diz De Nápoli. Em 1959, a Alemanha finalmente enviou um pedido de extradição ao país, que só o tornou público em 1960. A partir daí, foi como se os oficiais "descobrissem" o carrasco na capital. "Houve muito encobrimento, já que a embaixada alemã interveio em todo tipo de certificado, até o último momento. E nada disse aos tribunais que o buscavam", afirma o historiador. "Com a Polícia Federal argentina, aconteceu a mesma coisa."

A imprensa internacional também só descobriu o Anjo da Morte (ou Doutor Morte, Açougueiro e Anjo Exterminador, como já foi chamado) nessa época, após Eichmann ser levado da Argentina pelo Mossad, o serviço secreto de Israel, e Mengele ter escapado por pouco. Segundo o ex-agente Rafi Eitan, o governo israelense tomou a decisão de sequestrar um criminoso nazista e levá-lo à Justiça em 1958. Havia quatro possíveis alvos: Mengele, Eichmann, Heinrich Müller (ex-chefe da Gestapo) e Martin Bormann, braço direito de Hitler. O primeiro a ser encontrado foi Eichmann, por isso, o Mossad decidiu se concentrar nele. A análise das datas, contudo, sugere que não foi exatamente o medo dos israelenses que o motivou a sair da Argentina. Mengele deixou o país em 1959, antes da captura de Eichmann, em maio de 1960.

Para onde foi Mengele após deixar a Argentina? A pergunta ainda intriga os pesquisadores. De Nápoli afirma que ele voltou para Günzburg – cita documentos da polícia argentina sobre a autorização que ele solicitou para viajar à Alemanha em 12 de fevereiro de 1959, meses antes da chegada do pedido de extradição. Os papéis revelam que Marta saiu de Buenos Aires em 1960, com o filho, provavelmente depois de se desfazer dos negócios do marido no país. Ela tomou um voo da Swissair de Montevidéu para Zurique e, de lá, poderia ter se reencontrado com Mengele na Bavária.

CONEXÃO PARAGUAI

Outros pesquisadores, como o argentino Jorge Camarasa, dizem que Mengele viveu no Paraguai para depois se estabelecer no Brasil. Ele teria se instalado em 1960 na cidade de Hohenau, de colonização alemã, com passaporte em que se lia o nome José Mengele. Desde o ano anterior, obtivera a cidadania do governo paraguaio. Vários habitantes de Hohenau relataram a Camarasa ter boas recordações do nazista. "Tive o prazer de ser seu vizinho durante anos", disse o ex-prefeito da cidade, Bonibaldo Junghanns. "Ele se fazia chamar doutor Fischer. Era um homem nobre, que cantava em alemão canções de sua terra." Em entrevista no fim dos anos 1970, o famoso caçador de nazistas Simon Wiesenthal afirmou que ele costumava jogar bocha no Clube Alemão de Assunção, dirigir um Mercedes 280 e navegar um iate pelo rio Paraná. Não há provas disso.

A história oficial diz que Mengele se mudou para o Brasil no fim dos anos 1960. Conseguiu abrigo com Geza e Gitta Stammer, imigrantes húngaros que tinham uma fazenda de café em Nova Europa (SP). Em depoimento à Polícia Federal, em 1985, eles confirmaram que deram guarida ao médico. Na versão de Gitta, Mengele se apresentou como um viajante sem destino certo, sob o nome Peter Hochbichler, que pedia abrigo por alguns dias. Acabaram dando-lhe um emprego.

“Essa história não bate. Mengele calculou muito bem cada mudança e não viria para o Brasil sem que tudo estivesse arranjado”, diz Ben Abraham, autor de dois livros sobre o médico. No começo dos anos 1970, Mengele teria se aproximado de outro casal: o ex-cabo do Exército nazista Wolfram Bossert e Liselotte, professora do Colégio Humboldt. Os austríacos moravam no bairro do Brooklin, na capital paulista, onde Mengele teria estado várias vezes.

Em 1974, a fazenda dos Stammer foi vendida e ele se mudou para uma casa de dois quartos, duas salas, cozinha e banheiro na estrada do Alvarenga, 5773, perto da represa Billings. Ali, era conhecido pelos empregados como Pedro. “Ele me pagava um bom salário e chegou a me fazer empréstimos algumas vezes”, disse Elza Gulpian de Oliveira, que foi sua empregada doméstica, à revista *Veja* em 1985. Vivia recluso, ouvia muita música e costumava servir-se de vinho nas refeições. Segundo ela, Pedro falava com carinho de um jovem “sobrinho” que morava na Alemanha. Em 1977, o rapaz hospedou-se com o “tio” por duas semanas. Era seu filho Rolf, segundo ele confirmaria à PF.

Todo esse relato deixa margem para dúvidas. Em 1967, por exemplo, o Brasil extraditou o nazista Franz Paul Stangl para a Alemanha. Por que Mengele decidiu se mudar para cá depois disso? Ex-chefe dos campos de Sobibor e Treblinka, Stangl foi condenado à prisão perpétua. “Mengele tinha aqui uma rede de contatos segura o suficiente para não se intimidar”, diz a historiadora Maria Luiza Tucci Carneiro, da USP. “Tinha um lugar discreto onde viver e não trabalhava, como Stangl, que se expôs demais.” É possível também que o carrasco tenha chegado antes ao Brasil ou, ao menos, tenha estado aqui várias vezes para preparar um novo esconderijo. Rafi Eitan alega que o Mossad o localizou em 1962. “Descobrimos seu endereço: uma fazenda perto de São Paulo. Estive lá com minha equipe e um grupo de habitantes locais que o conheciam”, disse Eitan. “Não quisemos pegá-lo porque não estávamos suficientemente preparados. E logo depois houve uma troca de governo em Israel. A nova administração decidiu não capturá-lo. Depois disso, ele desapareceu.”

VERDADE OU CONSPIRAÇÃO?

Em maio de 1985, a polícia alemã fez uma busca na casa de Hans Sedlmeier, que havia sido procurador da empresa de máquinas dos Mengeles, em Günzburg, e encontrou cartas escritas por Josef e remetidas no Brasil pelos Bosserts. O delegado Romeu Tuma, superintendente da PF, foi informado e interrogou o casal. Eles disseram que encobriram Mengele entre 1970 e 1979. Em fevereiro daquele ano, já com a saúde debilitada, o médico foi a convite deles passear em Bertioga, no litoral paulista... E teria se afogado, talvez, vítima de um derrame. No boletim de ocorrência, o morto é o austríaco Wolfgang Gerhard. Na verdade, esse era o nome do sujeito que apresentou Mengele aos Bosserts. Ele teria usado a identidade do protetor por vários anos. Gerhard morreu em 1978 e está enterrado na Áustria.

A tumba de Mengele, revelaram os Bosserts, estava no cemitério do Rosário, em Embu, Grande São Paulo. Uma equipe de legistas exumou os restos do corpo, em junho de 1985, e concluiu que eram do nazista. Em 1992, um exame de DNA confirmou a descoberta. A análise utilizou uma amostra de sangue de Rolf, filho do carrasco, e foi conduzida pelo geneticista britânico Alec John Jeffreys. Sete anos antes, Rolf dissera não ter percebido no pai, na visita a São Paulo, nenhum sentimento de culpa ou remorso. "Ele jurou que nunca, pessoalmente, machucou ninguém."

Marco Antonio Veronezzi, ex-diretor regional da PF, recorda a expectativa mundial que havia em torno do cadáver achado em Embu. "No início, estranhamos o fato de conhecidos de Mengele aparecerem, anos após a morte, para falar da ossada. Mas os depoimentos eram coerentes e a perícia foi conclusiva", diz. "Com o exame de DNA, não restou dúvida." Hoje, a maioria dos pesquisadores considera o enigma resolvido. "Os estudos sobre Mengele foram sérios", diz o jornalista Uki Goñi, autor de *A Verdadeira Odessa*. Sérgio Widder, do Centro Wiesenthal, confia no resultado, assim como Rafi Eitan declarou à *Folha de S.Paulo*.

Ben Abraham sempre duvidou da ossada. Aponta há anos uma série de incongruências, inclusive entre o corpo e a ficha médica do nazista na SS. Para ele, o médico "fabricou" um sósia. "Rolf demorou anos para conceder uma amostra de seu DNA. Tenho informações de que Mengele morreu em 1992, nos Estados Unidos, mas não sei de detalhes."

Para Carlos De Nápoli, a "farsa" dos restos no Brasil foi criada, mais uma vez, para fins econômicos. Ele ainda procura as pegadas do doutor e não arrisca cravar onde e quando ele teria morrido: "A Fadrofarm não foi vendida e seus testas de ferro, Ernest Timmerman e Heinz Truppel, iam até a Alemanha prestar contas. Por isso, entre outros motivos, acredito que ele passou seus últimos dias perto de Günzburg." Rolf, diz o historiador, admitiu em 1985 que a ossada era do pai, já pensando na partilha dos bens do clã. Gerald Astor sustenta que o médico abriu mão de sua parte na herança do patriarca Karl Mengele, mas, de acordo com De Nápoli, trata-se de uma suposição que não se sustenta nos documentos identificados até agora. A empresa de máquinas agrícolas da família foi vendida em 1997.

É fato, de qualquer maneira, que o criminoso, agora centenário, não pagou por suas atrocidades. Seus ossos se encontram em poder do Instituto Médico Legal de São Paulo, em local não revelado para evitar peregrinações de neonazistas. A família nunca requisitou o corpo.

Cena do filme Olympia, *sobre os Jogos Olímpicos de 1936, encomendado por Hitler à cineasta Leni Riefenstahl*

CAPÍTULO 5

OPORTUNISMO, ARTE E ESPORTE

KOBAL / THE PICTURE DESK

DINHEIRO POR LIBERDADE

Muitos judeus tentaram sair da Europa assolada pelo nazismo. E alguns diplomatas latino-americanos viram na tragédia uma forma de ganhar dinheiro, vendendo vistos de imigração

- ROBERTO LOPES -

EDIÇÃO 113 · DEZEMBRO 2012

Os 937 passageiros do navio St. Louis acreditavam que haviam conseguido escapar do inferno quando o barco tomou a direção de Cuba em maio de 1939. Pouco mais de três meses depois começaria a Segunda Guerra na Europa. A maioria dos passageiros era de refugiados judeus alemães. Mas a carga não era bem-vinda. As regras para entrada no país diferenciavam refugiados de turistas. A lei, no entanto, não esclarecia que diferenças eram essas. O diretor de imigração do governo cubano, Manuel Benitez, aproveitou a confusão. Tratou os refugiados como turistas e cobrou deles 150 dólares (ou 2,5 mil dólares em dinheiro atual) por cabeça para que pudessem desembarcar.

O presidente cubano Federico Laredo Bru descobriu a tramoia de Benitez e durante a viagem do St. Louis mudou de novo a lei.

Quando o navio se aproximava de Cuba, o capitão Gustav Schröder recebeu um telegrama. Para desembarcar, os refugiados teriam de pagar 500 dólares (quase 8,5 mil dólares, hoje) – dinheiro que pouca gente tinha. Apenas 29 pessoas ficaram em Cuba. O capitão começou uma busca por um porto seguro para seus passageiros, mas, além de Cuba, Estados Unidos e Canadá recusaram-se a receber os refugiados. O navio voltou à Europa e os passageiros desembarcaram na Bélgica. Somente 240 sobreviveram à guerra. A maioria morreu em campos de concentração.

Para centenas de milhares de judeus, o caminho mais rápido e seguro para a sobrevivência era a obtenção de um visto consular para imigrar para outro país – de preferência bem longe do Velho Mundo. América do Norte (Estados Unidos e Canadá), América Latina, Palestina (sob controle britânico) e Ásia foram, nessa ordem, as áreas mais procuradas. De acordo com os registros do Museu Memorial do Holocausto dos Estados Unidos, somente no período pré-guerra – 1933 a 1939 –, quase 400 mil judeus fugiram da Alemanha e da Áustria. A concentração de judeus à porta de embaixadas e consulados no Terceiro Reich e nos países vizinhos revelou, então, dois tipos de diplomatas.

Havia os que se mostravam sensíveis ao drama humano e tentavam ajudar. Mas muita gente imitou o cubano Benitez e fez da guerra uma grande oportunidade de negócios. Funcionários de consulados e embaixadas ganharam dinheiro vendendo vistos para gente ameaçada e desesperada. Para complicar, na América Latina, por exemplo, quase todos os governos fixaram normas – com base em instruções secretas – fortemente antissemitas. Em 1938, no consulado-geral brasileiro em Hamburgo, no norte da Alemanha, a encarregada do serviço de passaportes, uma paranaense chamada Aracy Moebius de Carvalho, e seu namorado, o cônsul-adjunto, o escritor João Guimarães Rosa, estabeleceram uma operação sigilosa para fraudar e adequar às exigências do governo de Getúlio Vargas a documentação dos judeus desejosos de fugir para o Brasil. Aracy contou, inclusive, com a cooperação de um funcionário do departamento de trânsito da cidade, que atestava como bons dados falsificados de identidade dos perseguidos. Mas na mesma cidade havia gente que não agia com tal desprendimento. No mercado negro dos vistos diplomáticos de Hamburgo, a permissão de viagem à Argentina podia ser conseguida – irregularmente, claro – ao preço de 5 mil reichsmark (cerca de 33 mil dólares em dinheiro de hoje). E, na casa que sediava o consulado-geral cubano – a de número 2 em Monkeberstrasse 10 –, o carimbo, nas mesmas condições de ilegalidade, saía por 3 mil reichsmark. Havia formas mais baratas de escapulir da Europa, mas elas só contemplavam destinos piores. O visto para o miserável Haiti, por exemplo, não custava mais do que mil reichsmark. De acordo com dados do Congresso Judaico Mundial, apenas 300 judeus europeus optaram por ir para o Haiti.

No início do segundo semestre de 1939, um discreto trabalho da polícia criminal alemã e da Gestapo – a polícia política nazista – concluiu que o cônsul-geral uruguaio na Alemanha, Florencio Rivas, seu filho Juan e cinco vice-cônsules do país sul-americano, todos tidos como salvadores de judeus (eles teriam salvado 150 judeus na Noite dos Cristais, em 1938), formavam uma quadrilha que extorquia dinheiro, propriedades, obras de arte, joias e até casacos de peles dos perseguidos. Florencio e Juan já haviam, nessa época, sido chamados de volta a Montevidéu, mas o quinteto de vice-cônsules foi encarcerado – os cinco auxiliares do cônsul eram judeus.

Quando a França rendeu-se aos alemães, em junho de 1940, restavam poucos países neutros na Europa aptos a receber refugiados: a Suíça, cercada de beligerantes, a Espanha, arrasada por três anos de guerra civil, e Portugal, de economia e possibilidade de socorro modestas. Os dois últimos com notória simpatia por Hitler. A fraude na concessão de vistos havia, a essa altura, virado epidemia. Em Paris, o cônsul-geral boliviano, Carlos Virreira Paccieri, desenvolvera o método de qualificar os judeus que lhe compravam vistos como "técnicos agrícolas". Em suas mãos, o valor de um carimbo de entrada na Bolívia oscilava entre 10 mil e 20 mil francos – de 3,3 mil a 6,6 mil dólares em dinheiro atual.

Na cidade espanhola de Bilbao, em 1942, a polícia prendeu o cônsul honorário do Equador, que vendia vistos equatorianos e cubanos a refugiados judeus. Alertado por Washington, o ministério do Exterior da Guatemala destituiu seu cônsul em Barcelona pelo mesmo motivo. Em Buenos Aires, os americanos concentraram suas atenções em dois diplomatas que, em maio de 1942, desceram do Cabo de Hornos, um transatlântico espanhol que fazia a linha da Europa: o ex-cônsul argentino na cidade iugoslava de Split, Clorindo Mendieta, e o ex-cônsul boliviano em Viena, Luis von Brudersdorff.

Segundo um relatório confidencial assinado pelo conselheiro da embaixada dos Estados Unidos, Edward L. Reed, para seu chefe em Washington, o secretário de Estado Cordell Hull, Von Brudersdorff emitia os vistos irregulares para os interessados em imigrar para a Bolívia, e Mendieta "providenciava" as autorizações de trânsito para essas pessoas poderem circular por território argentino rumo a seu destino final. Tudo regiamente pago, claro. Denunciado pelos americanos, Mendieta foi mantido afastado de postos no exterior até o fim da guerra.

A Autoridade de Recordação dos Mártires e Heróis do Holocausto – órgão israelense conhecido como Yad Vashem – estima que ao menos 125 mil judeus europeus chegaram à América Latina como fugitivos do nazismo. "Não ignoramos que diplomatas desonestos também salvaram vidas", diz Avner Shemesh, de Relações Internacionais da entidade. "Mas temos uma honraria para todos os não judeus que salvaram judeus durante a época do nazismo. Nós os chamamos de 'Justos entre as Nações', e os que cobraram dinheiro ou auferiram alguma outra vantagem em troca dessa ajuda estão fora da nossa lista. É a forma que encontramos para mostrar o nosso repúdio a tal comportamento."

NEM TODOS ERAM OPORTUNISTAS

O serviço diplomático teve um enorme papel na tarefa de livrar judeus das mãos dos nazistas. E, se alguns se valeram da situação para ganhar dinheiro, houve casos de puro desprendimento. Em

Hamburgo, o cônsul honorário da Costa Rica, Ronaldo Falconer, se esforçava por contornar as limitações impostas por seus superiores em San José a fim de despachar judeus para a segurança da América Central. No porto francês de Marselha, o cônsul brasileiro Murillo Martins de Souza desrespeitou de forma tão flagrante as circulares restritivas quanto à concessão de vistos em passaportes de judeus, assinadas pelo ministro do Exterior brasileiro, Oswaldo Aranha, que, em 1943, acabou desligado do serviço diplomático. Luís Martins de Souza Dantas chefiou a missão diplomática brasileira na França por 20 anos. Movido pelo que chamou mais tarde de "sentimento de piedade cristã", desafiou ao mesmo tempo duas ditaduras. Concedeu vistos diplomáticos para entrada no Brasil a centenas de pessoas que, do ponto de vista da política de imigração brasileira, eram consideradas indesejáveis. Eram judeus, comunistas e homossexuais que fugiam dos horrores do nazismo. Com seu gesto, salvou cerca de 800 pessoas. Aristides de Sousa Mendes, cônsul português em Bordeaux, desobedeceu às ordens do ditador António de Oliveira Salazar e concedeu visto a milhares de refugiados enquanto os nazistas invadiam a França. Das 30 mil pessoas que foram salvas, 10 mil eram judias. O Brasil acolheu 4 223 judeus durante o regime nazista. Entre esses, 2 357 de nacionalidade alemã. A pouco mais da metade deles foi possível radicar-se no país.

O JOGO DA MORTE

A incrível partida que reuniu ex-jogadores ucranianos contra nazistas que invadiram a União Soviética em plena Segunda Guerra

- FERNANDO MORETTI -

EDIÇÃO 114 · JANEIRO 2013

Primeiro tempo. O Flakelf, time dos orgulhosos pilotos da Luftwaffe, vencia o Start por 1 a 0 na base do pontapé e da ajuda do árbitro. Os jogadores ucranianos do Start dominavam a bola e escapavam como podiam das ferozes divididas e aos poucos foram impondo seu estilo. Num avanço rápido, Kusmenko driblou o zagueiro alemão em direção à meia-lua e foi puxado pela camisa por trás. A torcida vaiou a complacência do árbitro. Kusmenko, ainda em movimento, dominou a bola, saltou sobre outro zagueiro alemão que vinha num arrebatado carrinho e meteu um chute direto na gaveta, empatando o jogo.

A torcida ucraniana enlouqueceu. O grito de gol foi como se tivessem se libertado da opressão. Sim, era uma partida de futebol entre invasores e conquistados. No dia 9 de agosto de 1942, ela era importante para os dois lados, em guerra desde 1941. A partida não foi jogada no novíssimo Estádio Stalin (ironicamente inaugurado em 22 de junho de 1941, dia da invasão) ou no do Dynamo (o tradicional, inaugurado em 1927), mas no pequeno estádio Zenith, com capacidade para 10 mil torcedores. "Isso era para o caso de os alemães perderem e não haver desordem na saída", afirma o escritor inglês James Riordan, autor de *Match of Death* (Jogo da Morte, em tradução livre).

"O estádio estava cercado por soldados armados e cães. Os assentos foram ocupados por soldados nazistas e mercenários ucranianos. O resto do espaço foi preenchido por velhos, mulheres e crianças, arrebanhados para testemunhar a vitória germânica." Kiev, capital da Ucrânia, estava sob o domínio do exército nazista desde 26 de setembro de 1941. O torneio de futebol fora suspenso e os jogadores da cidade estavam no front. Com a ocupação, os soldados foram aprisionados e enviados a campos de concentração nos arredores da cidade. Parte foi executada. Outros, enviados à Alemanha para trabalhos forçados. Alguns presos classificados como "inofensivos" foram libertados e voltaram a Kiev, onde perambulavam como mendigos, sem trabalho, casa ou comida.

Eventualmente reuniam-se na Padaria N°3, que abastecia toda a cidade, inclusive as tropas nazistas. O gerente, Iosif Kordik, empregava alguns jogadores desocupados, como Nicolai Trusevich, ex-goleiro do Dynamo, agora faxineiro da padaria. O time, fundado em 1927, era destaque no campeonato nacional soviético de futebol desde seu início, em 1936, quando foi vice-campeão, perdendo para o Spartak de Moscou. Kordik, torcedor fanático do Dynamo, teve a ideia de montar um time de futebol amador visando manter os homens motivados.

Pediu a Trusevich para encontrar seus velhos companheiros de bola, inclusive os da equipe rival, o Lokomotiv. O faxineiro passou a primavera de 1942 atrás deles e encontrou Makar Goncharenko, do Dynamo. O jornalista e escritor escocês Andy Dougan relata em seu livro *Futebol e Guerra* as palavras de Goncharenko: "Nicolai me encontrou na Rua Kreschatick, onde eu morava ilegalmente na casa da minha sogra, e veio com a ideia de procurar os meninos".

Nas semanas seguintes, formaram um time que batizaram de FC Start. Eram oito jogadores do Dynamo e três do Locomotiv, que batiam bola à noite no fundo da padaria. Logo decidiram encarar um torneio municipal organizado pelos nazistas. Usariam camisas vermelhas, que Trusevich e Putistin acharam num depósito abandonado. Trusevich dizia que suas armas seriam as vitórias no gramado, e a camisa vermelha jamais seria derrotada pelos nazistas. E não foi mesmo. No campeonato, o Start só aplicou goleadas: 6 a 2 na Guarnição Húngara; 11 a 0 na Guarnição Romena; 9 a 1 nos Operários da Estrada de Ferro; sempre encantando o público com seu futebol estiloso. Então veio um convite para enfrentar um time militar alemão, o PGS. Venceram por 6 a 0.

Os nazistas, humilhados, desafiaram o Start a jogar contra o poderoso Flakelf (literalmente: "11 à prova de balas"). Em 6 de agosto o subnutrido time do Start derrotou o bem-alimentado time nazista em seu melhor estilo: 5 a 1. O Start havia vencido todos os times dos inimigos. Mas a gota d'água foi ter goleado o Flakelf, o time de pilotos da Luftwaffe e dos artilheiros (de verdade, eles manejavam artilharia antiaérea). Inconformados com a derrota para o "time da padaria", os nazistas pediram revanche.

Naquela tarde de domingo de agosto, a população de Kiev só pensava em ver os opressores goleados e humilhados. O estádio fervilhava. Os nazistas remexiam-se nos assentos esperando pelo início do tira-teima. O árbitro, um oficial da SS, foi antes do jogo ao vestiário do Start e disse aos atletas que eles deveriam seguir todas as regras, inclusive fazer o cumprimento à moda nazista. Antes de começar o jogo, os atletas se perfilaram, tendo ao fundo bandeiras vermelhas com a suástica. Os alemães, de calções pretos e camisas brancas, saudaram com o notório "*Heil* Hitler!" Os ucranianos (de calções brancos e camisas vermelhas) levantaram parcialmente os braços e bateram as mãos no peito gritando: "Fizkult-urra-urra-urra!", ou seja: "Viva a Fisicultura" ou "Hurra ao esporte", uma tradicional saudação soviética.

O árbitro soou o apito e então só fez vistas grossas às faltas do Flakelf, inclusive sobre o goleiro Trusevich, que sofria uma pancada a cada defesa. Foram tantas que, após levar um chute na cabeça, ainda meio tonto, não conseguiu evitar que os alemães abrissem a contagem. No final do primeiro tempo, Goncharenko arrancou soberano, driblou toda a defesa do Flakelf e estufou as redes: 2 a 1. Nem bem o Flakelf deu a saída, o Start retomou a bola e num ataque fulminante meteu mais um 3 a 1. A situação ficou ruim para os alemães. No intervalo, um colaborador dos nazistas, Georgi Shvetsov, foi ao vestiário do Start e pediu para entregarem o jogo. Um oficial da SS que o acompanhava sugeriu que deveriam perder... ou haveria consequências.

Os times foram para o segundo tempo. O árbitro deixava a pancadaria correr solta. O Flakelf pressionou e marcou dois gols, deixando os nazistas contentes com os 3 a 3. Mas o Start tinha futebol para liquidar a fatura. E em dois lances fez dois gols: 5 a 3. Pouco antes de acabar a partida, o zagueiro Klimenko driblou toda a defesa alemã e o goleiro, mas em vez de cruzar a linha do gol, virou-se e chutou a bola de volta para o meio-campo. O árbitro apitou o final de jogo antes dos 45 minutos.

Muita coisa se escreveu sobre o "jogo da morte". O escritor uruguaio Eduardo Galeano registra em seu livro *Futebol ao Sol e à Sombra*: "Durante a ocupação alemã, eles [o Dynamo de Kiev] cometeram o ato insano de derrotar o esquadrão de Hitler no estádio local. Depois de terem sido avisados de que 'se ganharem vão morrer', estavam conformados de perder, tremendo de medo e fome, mas não puderam resistir à tentação da dignidade. Quando o jogo acabou todos os 11 foram mortos com suas camisas à beira de um precipício".

Na verdade, isso não aconteceu, pois consta que o Start jogou no dia 16 contra o Rukh e aplicou uma goleada de 8 a 0. Essa, sim, foi a última partida. No dia 18, a Gestapo invadiu a Padaria N°3 e prendeu nove jogadores, alegando suspeita de trabalharem para a NKVD, a polícia secreta comunista à qual os atletas do Dynamo eram obrigados a se filiar durante o período da União Soviética para poder jogar futebol. Depois prenderam os jogadores Nicolai Korotkikh e Oleksiy Klimenko. O primeiro morreu torturado e o segundo, baleado ao tentar fugir da Gestapo. O resto do time foi enviado ao campo de Siretz, onde os prisioneiros trabalhavam como escravos até a morte.

Em fevereiro de 1943, em represália às dissidências ucranianas, os nazistas executaram um terço dos prisioneiros de Siretz, entre eles Ivan Kuzmenko e Nicolai Trusevich. Conta-se que, ao ser alvejado, Trusevich caiu ao chão, mas com sua agilidade de atleta voltou a ficar de pé e gritou: "O esporte vermelho jamais morrerá!" E então caiu sem vida, vestido com sua camisa vermelha e preta de goleiro. Essa dramática história foi contada por Fedir Tyutchev, Mikhail Sviridelsky e Makar Goncharenko, que fugiram de Siretz em 6 de novembro de 1943 e foram acolhidos pelo Exército Vermelho, que a essa altura da guerra entrava em Kiev.

Em 16 de novembro, o jornal soviético *Izvestia* foi o primeiro a denunciar a execução dos atletas pelos alemães, mas não contou nada sobre o jogo da morte. O assunto veio à tona em 1958, quando Petro Severov publicou o artigo *O Duelo Final* no jornal *Evening Kiev*.

Em 1959, Severov e Naum Khalemsky lançaram um livro com o mesmo título. Mark Pougatch, apresentador de esportes da emissora BBC, da Grã-Bretanha, citou um documentário grego sobre o evento no qual um ex-jogador do Flakelf chamado Willie Endelbardt afirmava que antes do jogo um oficial alemão entrou no vestiário e disse aos jogadores: "Este é um jogo especial e vocês têm que vencer para provar a superioridade da raça ariana". Willie afirmou que os alemães respeitaram os adversários.

Em 1992, Makar Goncharenko revelou, pouco antes de morrer, que o árbitro alemão foi ao vestiário antes do jogo, mas não fez qualquer ameaça, apenas pediu para seguir as regras e saudar o adversário à moda nazista.

Em 2005, numa inquirição que durou cerca de 40 anos, a Comissão de Investigação de Hamburgo não encontrou ligação entre a vitória no jogo e a morte dos ucranianos. Para endossar o que de fato aconteceu, há uma foto tirada antes da partida em que alemães e ucranianos estão juntos e sorrindo. Mas não há registros do que ocorreu durante e depois do jogo da morte.

A CINEASTA DE HITLER

Leni Riefenstahl inventou técnicas cinematográficas e produziu imagens com efeitos espetaculares. Além de talentosa, era linda. Nada disso bastou para libertá-la da sombra nazista

- BRUNO VIEIRA FEIJÓ -

EDIÇÃO 69 · ABRIL 2009

No dia 1º de agosto de 1936, eram abertos na Alemanha os XI Jogos Olímpicos da história moderna. Pela primeira vez, a recém-inaugurada televisão transmitia para aparelhos instalados em prédios públicos de Berlim a espetacular cerimônia. Fascinado, o povo alemão viu e ouviu, ao vivo, um orgulhoso Adolf Hitler recebendo do grego Sypiridon Louis (campeão da maratona de Atenas, em 1896) um ramo de oliveira colhido nos montes de Olímpia, ao som de 100 mil vozes bradando "*Heil* Hitler! *Heil* führer!" Todas as cenas da cerimônia foram registradas em 400 quilômetros de filme pela cineasta alemã Leni Riefenstahl.

A cobertura do evento foi uma encomenda do Comitê Olímpico Internacional, mas teve, claro, a mão de Adolf Hitler, presidente do país-sede dos jogos. Foi dele a palavra final sobre quem seria a responsável pelas imagens que terminaram se tornando um poderoso instrumento de propaganda a favor do regime nazista. Numa época de tecnologias cinematográficas incipientes, Leni soube tirar proveito da megaestrutura colocada à sua disposição. Ela inventou novas formas de olhar pela câmera, revolucionando as imagens de um jeito a que até hoje assistimos na televisão ou no fotojornalismo esportivo.

Os contornos épicos dados ao evento não se limitaram à abertura dos jogos. Seis meses antes, Leni já estava dirigindo os técnicos que cobririam as provas realizadas na piscina. Como a tecnologia ainda não permitia captar imagens ao nível da água, Leni teve a ideia de construir plataformas especiais nas bordas para os operadores de câmera, que também eram posicionados com o atleta nos saltos de trampolim e dentro da água.

Nas provas de corrida, ela também inovou ao mandar cavar buracos e instalar trilhos para poder captar imagens à altura do chão. E equipou de câmeras corredores que acompanharam os atletas. Os planos ousados – focados no esforço e tensão dos competidores – e a fotografia única de Leni geraram imagens consideradas por especialistas uma aula de estética e de hipervalorização do corpo, com efeitos obtidos a partir de closes muito próximos ou de enquadramentos de baixo para cima, que davam aos atletas aspecto de estátuas gregas.

"É a glorificação da perfeição física que até hoje se irradia na propaganda, no design moderno, nos editoriais de moda. Se retirássemos a influência de Leni, provavelmente ainda estaríamos no século 19, do ponto de vista visual", diz Vicente Amorim, cineasta brasileiro que, em 2008, dirigiu o longa-metragem *Um Homem Bom*.

TRIUNFO DA PROPAGANDA

A aproximação de Leni com Hitler aconteceu em 1932, quando ela dirigiu seu primeiro filme, *A Luz Azul*, juntamente com o húngaro Bela Balázs, um dos críticos mais influentes nos anos 1930 e 40. Abordava a história de uma jovem montanhesa, representada pela própria diretora, em busca de uma pedra que projetava luminosidade singular. Antes disso, ela havia atuado como atriz em seis películas do alemão Arnold Fanck, especialista em filmes de montanha, que impressionaram muito a artista. Rodados em penhascos e em meio a avalanches, há quem diga que veio daí "o culto à monumentalidade" de Leni.

Mas foi Balázs quem apresentou a ela *O Encouraçado Potemkin*, obra-prima do russo Sergei Eisenstein, famoso por suas teses sobre a montagem dialética, que dizem que as sensações de um filme podem ser construídas. Conversando sobre essas teorias com Joseph Goebbels, ministro da Propaganda nazista, Leni caiu rapidamente no gosto do chanceler da Alemanha, que, dizem as más línguas, sempre teve uma quedinha por ela – questionada, a diretora afirmou que, para Hitler, fez apenas documentários.

E que documentários. Depois do inexpressivo *Vitória da Fé*, de 1933, sobre o quinto congresso do Partido Nazista, ela foi convencida por Hitler a produzir um longa-metragem sobre o sexto congresso. Foi sua obra-prima e sua condenação. O encontro partidário, marcado para setembro de 1934, em Nuremberg, transformou-se no filme *O Triunfo da Vontade*, extraordinária peça de propaganda. A logística de produção foi apoteótica para a época: mais de 100 técnicos e 30 câmeras. Segundo a própria Leni, no documentário *The Wonderful Horrible Life of Leni Riefenstahl* (A Maravilhosa Vida Horrível de Leni Riefenstahl, em tradução livre), de Ray Müller, feito em 1993, Hitler queria "um filme feito por um artista, e não por um diretor de partido".

Para sua realização, ela desenvolveu truques e artifícios até então inéditos. Por exemplo, um elevador construído e encaixado entre os mastros das enormes bandeiras do partido permitiu mover a câmera da esquerda para a direita e de cima para baixo, e fazer longos travellings (quando a câmera se desloca de forma contínua). Outro recurso, diz André Piero Gatti, pesquisador do Centro Cultural São Paulo e professor de história do cinema na Fundação Armando Alvares Penteado (Faap), foram "câmeras muito próximas (close-ups) que tornaram agigantados objetos simples e contribuíram para a distorção da escala, para a captação em imagens de uma espécie de místico poder absoluto, escondendo atrás de uma beleza plástica a podridão de um regime".

Para o filósofo Paul Virilio, no livro *Guerra e Cinema*, "o evento foi organizado de maneira espetacular, não somente do ponto de vista de uma reunião popular, mas de modo a fornecer material para um filme de propaganda". Tudo foi determinado em função da câmera: os rostos voltados para o mesmo lugar, os braços levantados em cumprimento nazista, as ruas apinhadas de gente, que se fundem em um grande corpo, o conceito-chave da unidade alemã.

Dois anos depois é que veio o documentário *Olympia*, que fez dos jogos uma celebração do corpo e do Terceiro Reich. Leni era linda, talentosa e mulher, numa área dominada por homens. Mas foi a cineasta de Hitler. E a vinculação ao nazismo a perseguiu para sempre. Até a morte, aos 101 anos, em 2003, ela afirmou desconhecer os crimes cometidos por seus patrocinadores.

No fim da Segunda Guerra, a cineasta foi presa por quatro anos. Solta, tentou filmar, mas foi hostilizada pela opinião pública. Trabalhou então como fotógrafa. Nos anos 1970, lançou dois livros sobre os nubas, tribo do Sudão com quem passou seis meses nos anos 1960, fotografando obsessivamente. Esse material forma o que os críticos consideram seu mais importante ensaio. Cobriu os Jogos Olímpicos de Munique (1972) para a revista *Time* e fotografou celebridades, como Mick Jagger. Nos anos 1980, mergulhou no silêncio da fotografia submarina, que resultou no filme *Impressões Subaquáticas* (2002).

O HOMEM QUE FEZ HITLER CHORAR

Max Lorenz, tenor que virou uma sensação na década de 1930 na Alemanha, encantou o ditador nazista, grande fã de óperas. O cantor era gay e casado com uma judia

- SÉRGIO MIRANDA -

EDIÇÃO 98 · SETEMBRO 2011

No começo da década de 1930, quando o tenor Max Lorenz chegava ao auge da carreira, aos 32 anos, suas apresentações como Siegfried, o mítico herói das óperas de Richard Wagner, só não eram tão populares quanto o jovem e destemido veterano da Primeira Guerra, que vinha cativando multidões com sua voz potente e verve instigante. Dez anos mais velho que Lorenz e diferente dele, que tinha um corpanzil elegantemente sustentado por bons vinhos e carne vermelha, o ex-militar era miúdo, moderado em seus hábitos e vibrante em sua oratória. E grande admirador de óperas, sobretudo as de Wagner. Adolf Hitler era fã das suas composições e já tinha assistido a mais de 30 óperas antes de completar 30 anos. Como diria em anos depois, foi ouvindo uma delas – *Rienzi, o Último dos Tribunos*, finalizada em 1840 – que teve a inspiração para escrever *Mein Kampf* (*Minha Luta*, a bíblia nazista). A paixão de Hitler por essa ópera em particular era tamanha que ninguém estranhou quando o manuscrito original que havia se perdido na guerra foi encontrado, anos mais tarde, em sua biblioteca particular. Segundo o autor de *As Mulheres de Hitler*, François Delpla, o ditador teria assistido à peça mais de 40 vezes ao longo de sua vida. "A razão de tamanha adoração parece ser o enredo, que narra o retorno à vida de um herói popular da Itália medieval – Cola di Rienzi –, que enfrenta os nobres para liderar a revolta de seu povo e conduzi-lo a um destino melhor", diz o historiador, para quem as bandeiras do Partido Nazista foram inspiradas com base nos modelos da ópera.

Os destinos de Hitler e Lorenz se cruzariam em 1933, quando o primeiro usou a máquina de propaganda nazista para dar proporções épicas ao Festival de Bayreuth. Na pequena cidade da Baviera, Richard Wagner estreara sua obra-prima – *O Anel dos Nibelungos* – e lá passara seus últimos dias de vida. Desde então, todos os verões, descendentes tentavam reviver sua glória com apresentações do festival. Hitler ordenou que o ministro Joseph Goebbels não economizasse na organização. Wagner era um símbolo da supremacia germânica.

Nascido em 1901, em Düsseldorf, filho de um açougueiro, o garoto Max Lorenz começou a cantar no coro da igreja e, como logo se destacasse, foi mandado a Berlim para estudar numa das melhores escolas do país. Em 1920, já era a estrela do coro da Ópera Estatal da cidade e ascendia numa carreira internacional, com apresentações na Metropolitan Opera de Nova York e na Royal Opera de Viena. "Ele era uma escolha óbvia para a nova fase do Festival de Bayreuth", diz o historiador Eckart Conze, professor da Universidade de Marburg, na Alemanha.

Só havia um problema. Ou dois. Lorenz era homossexual assumido – tanto quanto possível para a época. Ele já havia sido fichado pelas autoridades alemãs. E os administradores da Ópera de Berlim, onde era contratado, já haviam sido repreendidos por sua conduta "abominável e antigermânica". Ele chegou a ser processado por manter um caso com outro jovem músico e teve de comparecer a um tribunal. Lorenz apresentou em sua defesa o depoimento de sua esposa, Charlotte Appel, revelando, para surpresa geral, que não só era casado como também sua esposa pertencia a uma proeminente família judia de Dresden. "Eles eram amigos desde a juventude e, aparentemente, haviam se casado para proteger a homossexualidade de Lorenz", diz Conze. "No final, ele é que a protegeu da perseguição nazista."

Mesmo com o processo engavetado, Goebbels procurou a diretora do Festival de Bayreuth, Winifried Wagner, nora de Richard Wagner, para que ela não convidasse Lorenz. Quando sugeriu que a figura de um homossexual casado com uma judia não seria adequada ao festival, Winifried respondeu-lhe que, nesse caso, ele poderia fechá-lo, pois, sem Lorenz, Bayreuth não poderia ser feito. Tal petulância tinha lastro. Winifried conheceu Hitler quando ele foi preso depois de tentar dar um golpe de Estado nos anos 1920. Ela lhe mandava comida e ajuda enquanto ele rascunhava *Mein Kampf*. No fim da década de 1930, atuou como tradutora pessoal de Hitler. A relação dos dois se tornou tão íntima que havia rumores de que ela ia além da compatibilidade intelectual ou do gosto pela música - especialmente quando, no fim dos anos 1930, a casa dos Wagner se tornou o lugar favorito para escapadelas de fins de semana do ditador.

Melhor para Lorenz. Testemunhas afirmam que Hitler chorou pelo menos uma vez, no fim da terceira parte de *O Anel dos Nibelungos*, quando Siegfried, após provar do sangue do dragão e passar a entender a linguagem dos pássaros, é avisado por um deles de que o anão Mime, que o criou como um filho, irá traí-lo para ficar com o anel que o herói resgatara de Wotan. Siegfried mata Mime e é avisado pela ave da existência de Brunnhilde, a Valquíria, filha de Wotan, aprisionada por ele num círculo de fogo. Wotan tenta impedir que ele chegue até ela. Em vão. Siegfried resgata Brunnhilde, que dorme entre as chamas, e ambos se apaixonam.

Nem todos tiveram a mesma sorte de Siegfried. Ou de Lorenz. A soprano Frida Leider, que interpretou Brunnhilde, foi banida dos palcos de Bayreuth depois de se negar a se divorciar do marido judeu. Lorenz cantava ali, em 1933, quando a cidade também saudou o novo chanceler alemão. A partir daí, a ópera e o ditador se encontrariam todos os anos, até 1939, quando a cúpula do país se reunia para o festival.

Por seis anos, até o início da guerra, Max Lorenz esteve livre das perseguições nazistas na Alemanha. Enquanto milhares de judeus, homossexuais e outras minorias eram expulsos do país, o cantor, a esposa e a sogra tinham um salvo-conduto assinado por Hermann Goering, o segundo na hierarquia do Terceiro Reich. Quando a guerra acabou, Lorenz tornou-se persona non grata no meio artístico. "Ele ficou marcado como amigo dos nazistas e colaboracionista por muito tempo. Ninguém entendia como ele tinha feito para sobreviver", conta Alex Ross, jornalista e crítico musical norte-americano. Assim, decidiu imigrar para a Áustria e fez da Ópera Estatal de Viena sua base artística. Seguiu com a voz impecável até se aposentar, em 1963. O tenor morreu praticamente esquecido, em 1975, em Salzburgo, Áustria.

Os neonazistas são uma ameaça real que cresce em vários lugares do mundo, pregando ódio e violência

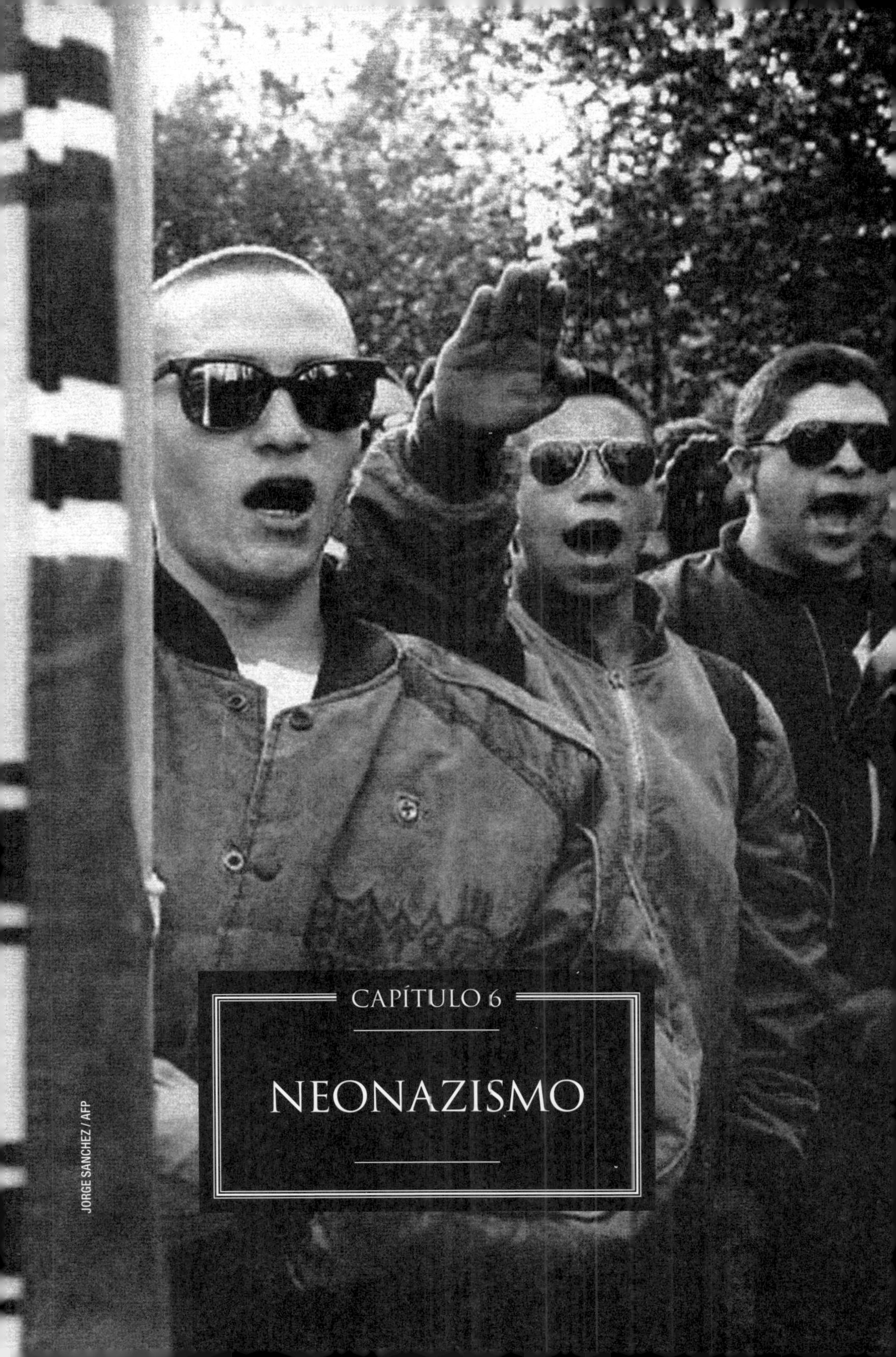

JORGE SANCHEZ / AFP

CAPÍTULO 6

NEONAZISMO

FANTASMAS DE HITLER

Como a ideologia que prega o ódio renasceu na Europa, o mesmo cenário dos crimes contra a humanidade cometidos na Segunda Guerra – e como ela se espalha até mesmo no Brasil

- EDUARDO SZKLARZ -

EDIÇÃO 133 · AGOSTO 2014

O ruído era ensurdecedor. Jovens de camisas negras se aglomeravam na praça fazendo a saudação "*Heil* Hitler!" e entoando a *Canção de Horst Wessel*, o hino nazista. Num bar perto dali, intelectuais vociferavam contra gays, culpavam os estrangeiros pelo desemprego e advertiam sobre a "conspiração judaica" que levou o país à ruína. A cena bem poderia ter ocorrido na Berlim dos anos 1930. Mas aconteceu em 4 de junho passado em Atenas, berço da democracia, durante um ato do partido neonazista grego Aurora Dourada. Em toda a Europa, mas também em outros países, a chaga do nazismo renasceu e vem crescendo. Tal como ocorreu com Hitler e seus asseclas, usam-se as armas da democracia para atacá-la e destruí-la.

Nas eleições de maio para o Parlamento Europeu (PE), o Aurora Dourada elegeu três deputados. "Somos a terceira força política do país", disse o porta-voz Ilias Kasidiaris, que tem uma suástica tatuada no braço. Grupos de extrema direita festejaram a presença recorde em um Parlamento que a maioria delas rejeita. Na Alemanha, o neonazista Partido Nacional Democrático (NPD) conseguiu pela primeira vez um assento no PE. Na Hungria, o fascista Jobbik é a segunda maior legenda. A Frente Nacional, cujo patriarca, Jean-Marie Le Pen, sugeriu o vírus ebola para solucionar o problema da imigração, teve 25% de apoio dos franceses.

O que explica esse fenômeno? Qual foi o momento em que ser nazista/fascista deixou de ser vergonhoso para se tornar aceitável? É o que veremos nesta reportagem.

A FAGULHA NACIONALISTA

A extrema direita não é um bloco monolítico. Alguns partidos são racistas, xenófobos, outros são contra muçulmanos ou gays. Muitos são tudo isso. Mas há um elemento comum a todos: o nacionalismo. "Nem todo nacionalismo é de direita e muito menos fascista, mas todo movimento nazifascista é nacionalista", afirma o historiador Carlos Gustavo Nóbrega de Jesus, superintendente da Fundação Pró-Memória de Indaiatuba, em São Paulo. Nacionalismos florescem em tempos de crise. Tem sido assim desde o final do século 19, quando russos massacraram milhares de judeus acusando-os pela morte do czar Alexandre II (1818-1881). A onda de perseguições se alastrou pelo Leste Europeu, onde judeus e outras minorias foram culpados pelas mazelas de cada país. Isso porque o nacionalismo não é um mero amor à pátria: é uma defesa ferina da identidade nacional que pressupõe a glorificação de "Nós" e a exclusão dos "Outros". Por isso desemboca em violência.

Em 28 de junho de 1914, por exemplo, o nacionalista sérvio Gavrilo Princip disparou contra o arquiduque Francisco Ferdinando, herdeiro da coroa austro-húngara. E deflagrou a Primeira Guerra. Durante o conflito, o nacionalismo serviu de base para a principal – e mais aterradora – invenção política do século 20: o fascismo. Era um movimento de massas autoritário e populista baseado no anticomunismo, na expansão imperialista e em um

Estado policial que controlava a vida pública e privada das pessoas. O fascista (e socialista na juventude) Benito Mussolini assumiu o poder na Itália em 1922 para logo implantar uma ditadura. "O fascismo reconfigurou as relações entre o indivíduo e o coletivo, de modo que o indivíduo não tinha direito algum fora do interesse da comunidade", diz o historiador americano Robert Paxton no livro *A Anatomia do Fascismo*.

Em 1933, o nazismo triunfou na Alemanha agregando um novo ingrediente ao pacote fascista: a raça. Hitler quis purificar a comunidade alemã dos seres considerados "inferiores", entre eles judeus, homossexuais, eslavos, deficientes físicos e mentais. Segundo o führer, era preciso eliminar esses "bacilos" do corpo da sociedade para assegurar a supremacia ariana. Após a Segunda Guerra, contudo, o nacionalismo deu lugar ao mundo bipolar: EUA x URSS. As superpotências fatiaram o planeta em áreas de influência do capitalismo e do comunismo. Na lógica da Guerra Fria, ser extremista era vergonhoso. Mas não por muito tempo.

CARA NOVA

"O neonazismo surgiu na Europa entre as correntes de direita mais radicais. De certa forma, foi constituído pelos velhos nazistas que sobreviveram aos expurgos do pós-guerra, principalmente na Alemanha Ocidental", diz Luiz Dario Ribeiro, professor de História Contemporânea da Universidade Federal do Rio Grande do Sul (UFRGS).

De fato, muitos nazistas convictos ingressaram no serviço público alemão após a guerra e aproveitaram os novos cargos para manter vivas as suas ideias. Foi o caso de Hans Globke, um dos autores das discriminatórias Leis de Nuremberg (1935) e colaborador de Adolf Eichmann, o arquiteto da "Solução Final". Globke virou assessor do chanceler alemão Konrad Adenauer nos anos 1950. Assim, o anticomunismo da Guerra Fria criou condições para que o caráter nazista desses agentes fosse esquecido. O próximo passo deles foi criar organizações de fachada para incorporar novos membros. O alemão Partido Nacional Democrático (NPD) e o

Movimento Social Italiano (MSI), por exemplo, eram agrupamentos nazifascistas que se escondiam atrás de nomes simpáticos. "Os novos membros eram jovens convencidos de que deveria haver uma luta de vida e morte contra os comunistas", diz Ribeiro.

Nos anos 1960, o neonazismo ganhou adeptos com a crise do colonialismo europeu. Grupos como o Occident e o Exército Secreto Francês (OAS) atraíram nacionalistas frustrados pela derrota da França nas guerras de independência da Indochina (1946-54) e da Argélia (1954-62). O OAS perpetrou atentados contra argelinos e tentou até mesmo assassinar o presidente francês Charles de Gaulle por permitir a descolonização.

Pierre Sidos, fundador do Occident, era filho de um membro da Milice – a brigada paramilitar francesa que caçou judeus e membros da Resistência durante a ocupação nazista. Sidos prosseguiu com as ideias do pai, recrutando universitários para combater os manifestantes que pediam reformas no Maio de 68. De Gaulle proibiu o Occident, mas vários de seus membros integraram a Frente Nacional, fundada por Le Pen em 1972.

Os neonazistas também buscaram reabilitar a ideologia de Hitler. E para isso recorreram a uma teoria pseudocientífica, o revisionismo, que acusava os vencedores da guerra de contar a História à sua maneira. O pai do revisionismo foi o historiador francês Paul Rassinier. Ele havia sido prisioneiro político dos nazistas, mas começou a defender o Terceiro Reich depois da guerra.

Ele negava o Holocausto. "Eu estive lá e não havia câmaras de gás", dizia. De fato. Rassinier esteve em Buchenwald, um campo de concentração situado na Alemanha que realmente não tinha câmaras de gás. Os campos de extermínio ficavam na Polônia ocupada, como em Auschwitz e Treblinka, dotados de câmaras de gás e crematórios. Mas os livros delirantes de Rassinier conquistaram leitores na Europa e foram traduzidos nos EUA pelo historiador Harry Elmer Barnes – outro adepto de teorias da conspiração. Barnes dizia que os julgamentos de nazistas como Eichmann eram uma tramoia sionista e descrevia os Einsatzgruppen (esquadrões da morte da SS) como "guerrilhas". Outro revisionista norte-americano, Francis Parker Yockey, tinha ideias ainda mais estranhas. Ele defendia uma união totalitária entre a extrema direita, a URSS e governos árabes para derrotar o "poder judaico-americano". Yockey foi preso pelo FBI por fraude, com três passaportes falsos, e se matou na prisão em 1960. Mas seu livro *Imperium* se tornou objeto de culto dos neonazistas.

GANGUES SE ALIAM AOS PARTIDOS

O nacionalismo sofreu uma metamorfose com a crise do petróleo de 1973. Em meio à recessão europeia, os extremistas adotaram um novo inimigo: o imigrante, sobretudo aquele oriundo das ex-colônias árabes. "A xenofobia atraiu jovens desempregados e sem perspectivas para a extrema direita", diz Ribeiro. Foi o caso dos skinheads, uma tribo formada nos anos 1960 na Inglaterra por jovens de classe baixa que curtiam ritmos como ska e reggae. Os skinheads originais não eram racistas (muitos eram negros jamaicanos), mas alguns deles atacavam gays e asiáticos. E, na recessão dos anos 1970, uma ala do movimento se vinculou ao partido neonazista inglês National Front (NF), que promovia a "superioridade branca".

"Os partidos de extrema direita precisavam de militância e a encontraram nas gangues", diz Nóbrega. Gritos de guerra xenófobos entraram para o repertório dos hooligans - torcedores de futebol conhecidos por deixar um rastro de vandalismo e pancadaria. O jornalista americano Bill Buford conviveu durante quatro anos com hooligans do Manchester United, na década de 1980, e viu como eles eram facilmente recrutados pelo NF.

Mas nem todos os brutamontes que surravam estrangeiros estavam desempregados. Muitos aderiram à violência xenófoba por pura sede de adrenalina. Foi o caso de Mick, o primeiro hooligan que Buford conheceu. "Ele parecia um eletricista perfeitamente feliz, com um enorme maço de dinheiro no bolso para comprar passagens e ver os jogos", diz Buford no livro *Entre os Vândalos*. E, enquanto cooptavam as gangues, os partidos de extrema direita seduziam os eleitores. Em

1984, por exemplo, a Frente Nacional obteve quase 11% dos votos dos franceses e elegeu dez membros ao Parlamento Europeu. Um deles foi Dominique Chaboche, antigo membro do grupo Occident. Para recuperar terreno, partidos de esquerda também assumiram o discurso xenófobo e racista. Entre eles o Partido Socialista (PS) francês e o Partido Comunista Italiano (PCI), que acusaram os imigrantes de macular a cultura nacional. O objetivo era frear a debandada de eleitores para a direita. O resultado foi desastroso. Judeus franceses estão arrumando malas para mudar para Israel por medo de perseguição. De janeiro a maio, 2,5 mil franceses emigraram, quatro vez mais que em 2013.

No fim dos anos 1980, as células extremistas já haviam erguido uma rede internacional. Ela era articulada pelo alemão Michael Kühnen, o norueguês Erik Blücher e o belga Léon Degrelle, um ex-general de Hitler que vivia na Espanha e liderava o Círculo Espanhol de Amigos da Europa (Cedade). Kühnen revelou que era gay em 1986, quando estava preso por incitar à violência. Após sua morte em decorrência da aids, em 1991, o neonazismo na Alemanha foi levado adiante por Christian Worch. Nos EUA, a rede cresceu graças a Willis Carto, fundador do Instituto para a Revisão Histórica (IHR) e do extinto Liberty Lobby – que publicava o jornal antissemita *Spotlight*. Timothy McVeigh, o terrorista que em 1995 detonou um caminhão-bomba em frente a um edifício em Oklahoma City, deixando 168 mortos e 700 feridos, era leitor assíduo do *Spotlight*. McVeigh colocou anúncios no jornal para vender munição.

FASCISMO MAQUIADO

O grande salto da extrema direita veio após o fim da URSS, em 1991. Grupos nacionalistas até então sufocados pelo regime soviético despontaram no Leste Europeu. Com o fim do comunismo e a social-democracia desmoralizada, os extremistas europeus capitalizaram nas urnas. Na Dinamarca, por exemplo, o Partido Popular obteve 13 cadeiras no Parlamento em 1998. "O ressurgimento do fascismo na Europa pós-Guerra Fria não é orquestrado por um ditador seguido por homens com camisas pardas e braçadeiras com suásticas", diz o jornalista norte-americano Martin A. Lee no livro *The Beast Reawakens* (A Besta Desperta, em tradução livre). "Uma nova geração de extremistas de direita, sintetizada pelo führer do Partido da Liberdade austríaco, Jörg Haider, adapta sua mensagem e seus modos aos novos tempos." Haider foi duas vezes governador do estado da Caríntia, na Áustria, e só não foi mais longe porque morreu num acidente de carro em 2008. Mas outros líderes como ele têm chegado lá. O búlgaro Volen Siderov ficou em segundo lugar nas eleições presidenciais em 2006. Seu partido, Ataka ("Ataque"), é hoje o quarto maior da Bulgária, com 23 cadeiras no Congresso.

Graças à internet, os extremistas propagam sua animosidade de forma simples e barata. Um dos primeiros sites de ódio foi o Stormfront, criado em 1995 por Don Black, ex-líder da Ku Klux Klan. Hoje o site conta com 250 mil membros e um fórum online com mais de 9 milhões de posts. A nebulosa virtual inclui o site Radio Islam, que dissemina propaganda antissemita em 23 idiomas. Esses portais seguem a tática de Hitler: usar a democracia para propagar mensagens antidemocráticas. "Como a liberdade de expressão é um dos bens mais apreciados em qualquer democracia, ela não pode ser regulada de antemão. Cada caso tem que ser analisado", diz Sergio Widder, representante do Centro Simon Wiesenthal para a América Latina. E nenhum país preza a liberdade de expressão mais do que os EUA. Isso explica por que muitos neonazistas hospedam seus sites em território norte-americano.

Por suas leis permissivas, os países escandinavos se transformaram em refúgio de extremistas. Não é à toa que o marroquino Ahmed Rami, fundador da Radio Islam, reside na Suécia. Redes de skinheads, como Combat 18 e Blood & Honour, também difundem sua mensagem através de DVDs, CDs e shows ao redor da Europa sob o olhar complacente da polícia. "Precisamos encontrar respostas que se adaptem aos novos desafios. Não podemos confrontar o nazismo do século 21 da mesma forma que nos anos 1980", diz Widder. Em 2010, por exemplo, a Rússia proibiu a publicação de *Minha Luta*, a autobiografia de Hitler, para tentar conter o extremismo. Mas o livro está disponível na web, virou best-seller entre os e-books e tem mais de 100 versões à venda na Amazon. "A obra de Hitler é uma fonte para quem estuda o nazismo. Não sei se proibir o livro é a melhor resposta. Vamos censurar o acesso à internet?", diz Widder.

Encontrar respostas é difícil numa era em que a xenofobia existe até em governos democráticos – a França expulsou mais de 20 mil ciganos nos últimos anos. E o nazismo volta a assombrar quase sete décadas após a derrota alemã na guerra. Segundo um estudo da Universidade de Leipzig, um em cada seis alemães orientais tendem à extrema direita. Em 2002, era só um em cada 12. Na Espanha, 18 mil tweets "#putosjudios" (putos judeus) foram postados após a vitória do Maccabi Tel Aviv sobre o Real Madrid, em maio passado, na Euroliga de Basquete – e houve comentários racistas durante a Copa do Mundo contra torcedores brasileiros.

"A História é cíclica: tende a se repetir. E ela nos mostra que esse tipo de ideologia é nocivo. Começa pequeno e vai crescendo por meio da demagogia, muitas vezes com um discurso maquiado", diz Carlos Reiss, coordenador-geral do Museu do Holocausto de Curitiba, único do gênero no Brasil. Aqui, aliás, páginas do Facebook cultuam a supremacia branca com ofensas a negros e índios. "Não somos racistas, somos orgulhosos", proclama uma delas, que tem mais de 8 mil likes.